INDICS 工业互联网平台系列培训教程

APP 应用及开发环境教程

刘　芳　编著

陈海波　吴艳萍 等　参编

科 学 出 版 社

北　京

内 容 简 介

本书在系统梳理工业互联网发展历程的基础上，重点围绕基于INDICS工业互联网平台的APP应用开发环境产生的背景、功能及应用场景进行全面介绍，主要包括应用开发工具、算法建模工具、流程建模工具、组态建模工具和产线仿真建模工具，对各种工具进行详细叙述，并且分享部分客户应用案例供读者参考，最后对INDICS应用开发环境的应用前景和价值进行了展望。

本书主要面向工业领域的研究人员、工业企业内部的开发人员、为工业企业提供服务的开发机构和个人，以及从事相关领域教育培训的团体和个人等。

图书在版编目（CIP）数据

APP应用及开发环境教程 / 刘芳编著. —北京：科学出版社，2020.11
（INDICS工业互联网平台系列培训教程）
ISBN 978-7-03-064250-9

Ⅰ. ①A… Ⅱ. ①刘… Ⅲ. ①互联网络－应用－制造工业－应用软件－技术培训－教材 Ⅳ. ①F407.4-39

中国版本图书馆CIP数据核字（2020）第017826号

责任编辑：刘 博 霍明亮／责任校对：王 瑞

责任印制：吴兆东 ／ 封面设计：迷底书装

科学出版社 出版
北京东黄城根北街16号
邮政编码：100717
http://www.sciencep.com
北京厚诚则铭印刷科技有限公司印刷
科学出版社发行 各地新华书店经销
*
2020年11月第 一 版 开本：720×1000 1/16
2024年 8 月第三次印刷 印张：11
字数：250 000

定价：68.00 元

（如有印装质量问题，我社负责调换）

“INDICS 工业互联网平台系列培训教程”

编委会

赋能工业企业　智享云端资源

——“INDICS 工业互联网平台系列培训教程”序

习近平总书记在党的十九大报告中指出，要“加快建设制造强国，加快发展先进制造业，推动互联网、大数据、人工智能和实体经济深度融合。”①

2019年的政府工作报告中明确提出，要“打造工业互联网平台，拓展‘智能+’，为制造业转型升级赋能”。

工业互联网理念于2012年由美国GE公司提出后，其内涵持续不断发展，目前我们对其解读为：基于泛在互联网，借助制造科学技术、人工智能技术、信息通信科学技术及制造应用领域专业技术4类技术深度融合，将制造全系统及其全生命周期活动中的人、产品、资源、数据、能力、智能认知/分析/决策/执行系统等智能地连接在一起，构成人、信息空间与物理空间集成、融合的智能互联制造系统，促进制造全生命周期活动中制造模式、手段、业态的创新，从而大大提高制造业的创新制造能力和服务能力，进而实现制造业的再革命。

近年来的实践表明，工业互联网作为新一代互联网、大数据、人工智能技术与制造业深度融合的产物，已日益成为新工业革命的关键支撑，对未来工业发展正产生着全方位、深层次、革命性影响。当前，工业互联网的实践正从其局部突破的初级阶段发展到垂直深耕、跨行业、跨领域体系/全局实践的阶段，随着发展日益深化，工业互联网赋能工业未来的蓝图正在徐徐展开。

2015年以来，中国航天科工集团航天云网公司积极响应国家制造强国发展战略，并结合航天科工集团数字化转型升级发展的内生需求，整合了航天科工集团在智能制造与仿真、网络安全与自主可控、军民产业链融通等方面的优势，基于先进云制造理论与技术体系，打造了世界首批、我国首个工业互联网平台——INDICS(industrial internet cloud space)平台，并坚持以“信息互通、资源共享、能力协同、开放合作、互利共赢”为核心发展理念，按照“重战略、双驱动，重研发、强核心，重特色、创口碑，重扎根、接地气，重协同、不烧钱”的总体原则，致力于在工业互联网领域为客户提供有竞争力的、安全可信赖的产品、解决方案与服务，先后面向全球发布了实现工业互联网的 INDICS 平台及云制造支持系统(cloud manufacturing support system，CMSS)——“一脑一舱两室两站一淘金”(企业大脑、

---

① 《人民日报》，2017年10月19日。

企业驾驶舱、云端业务工作室、云端应用工作室、企业上云服务站、中小企业服务站、数据淘金）系统级工业应用产品，进而构建了可支持跨行业、跨领域，可连接制造企业全要素、全价值链和全产业链，具有智能协同云制造新模式、新手段和新业态的工业互联网系统——“航天云网”，创新地实践了中国特色工业互联网道路，为我国制造强国发展战略目标的实施做出了积极的贡献。值得指出的是，基于持续发展的 INDICS 平台和首创的“一脑一舱两室两站一淘金”系统级工业应用软件，正在为全球工业企业提供云端/边缘层的产品、能力、资源服务，进而实现智能化制造、网络化/云化协同制造、个性化/柔性化制造。

“企业大脑”可解决企业决策层关注的核心问题，为企业决策层制定战略、科学决策提供重要数据支撑，提高决策效率。“企业驾驶舱”可为企业经营层提供大数据可视化服务，并可实时提取生产、销售、产品、运营等环节数据，及时掌握管理动态，打造数据驱动型企业。“云端业务工作室”面向工业企业从业者，提供以交易为核心的一站式全流程业务服务；通过与企业自有信息系统的数据互通，实现客户到供应商业务流程的集成贯通。“云端应用工作室”通过设计研发、生产制造和运营管理的有效集成，最终形成跨单位、跨专业的数字化协同设计、协同试验和协同制造能力。“企业上云服务站”可为企业上云提供引导和路径，帮助企业设备、产线及业务快速上云，实现生产管理数据与业务数据的采集和应用，实现网络化协同制造。“中小企业服务站”汇聚线上线下优质资源，提供一站式企业服务，降低企业运营成本，激活创新潜力。“数据淘金”可为用户提供基于特定场景下的知识服务，通过人机交互，快速获取工业知识，唤醒“休眠”数据，形成知识图谱，实现数据价值最大化。

目前，“一脑一舱两室两站一淘金”系统级工业应用已经覆盖航空航天、电子信息、通用设备等十余个行业，在全国不同区域、不同企业间成功部署。

该系列培训教程对 INDICS 平台和企业大脑、企业驾驶舱、云端业务工作室、云端应用工作室、企业上云服务站、中小企业服务站、数据淘金等进行系统阐述，并对其相关工具进行介绍，具有良好的可操作性，可指导具体工作的开展。同时，培训教程中还包含广义的 INDICS 平台应用、APP 应用及开发环境介绍等内容，使读者快速入门，快速掌握工业互联网平台理论以及实践方法。

不忘初心，方得始终。期望中国航天科工集团航天云网公司将持续为研发中国工业互联网发展模式与技术手段开展创造性实践，始终聚焦客户需求，扎根企业应用，持续深化工业互联网生态体系建设，持续完善国家级工业互联网主平台，推动工业互联网建设“破壳羽化”，为中国制造业转型升级贡献“中国方案”。

李伯虎

2020年3月16日

前　言

全球制造业正进入平台竞争时代，工业互联网平台正成为促进产业价值链向中高端升级，建设制造强国的关键，基于平台的工业互联网 APP(以下简称工业APP)生态成为关键中的关键。国务院《关于深化“互联网+先进制造业”发展工业互联网的指导意见》指出，加快工业互联网平台建设，培育百万工业 APP，实现百万家企业上云，形成建平台和用平台双向迭代、互促共进的制造业新生态。工业和信息化部印发《关于完善制造业创新体系，推进制造业创新中心建设的指导意见》指出，亟需在发挥已有各类创新载体作用的基础上，打造高水平有特色的国家制造业创新平台和网络，推动我国制造业向价值链中高端跃升，为制造强国建设提供有力支撑。

为深入贯彻落实以上重大举措，促进产业转型及未来企业生产经营模式升级，中国航天科工集团有限公司提出 INDICS（工业互联网空间，Industrial Internet Cloud Space)+CMSS(云制造支持系统，Cloud Manufacturing Support System)发展战略，着力开展 INDICS+CMSS 体系研发，统筹推进工业互联网平台建设与运营工作，实现智能制造、协同制造、云制造三类制造发展，支撑基于软件定义的新业态体系建设。通过建设 CMSS，可整合积淀的优势工业应用资源，促进制造业资源的优化配置，带动制造业产业链的重构，实现制造业转型升级。

INDICS 是 CMSS 的开发运行支撑环境。互联网时代的工业 APP 需具有灵活、易扩展、高可用的系统架构，以满足业务快速变化、用户访问量大，以及降低系统维护成本、缺陷修复成本和系统扩展成本的需求。基于互联网的应用特点和工业应用要求，INDICS 叠加了大数据处理、工业数据分析、工业微服务等创新功能，以及可扩充的开放式操作系统，并提供微服务组件和工业应用开发工具，帮助开发者快速构建定制化的工业 APP。

应用开发环境是 INDICS 平台的重要核心产品之一，它以拖拽式操作、低代码化开发为应用特征，与平台无缝集成，覆盖丰富应用开发场景，旨在帮助工业企业开发者更多聚焦业务，快速完成应用的开发和部署。并且它包含的若干建模工具也能支持独立应用，能满足企业各异的需求，覆盖更丰富的场景需求。

本书由刘芳统稿，第 1 章由编委会统筹编写，第 2 章由陈海波编写，第 3 章由吴艳萍编写，第 4～7 章分别由刘哲、高方方、林伟光、季明等提供丰富的素材，并由刘芳编写完成。

由于编者水平有限，以及对所做研究的局限性，书中难免存在不足之处，请广大读者批评指正。衷心希望本书对读者有一定的参考价值，让我们共同为实现“中国制造 2025”继续努力！

编　者

2020 年 3 月

目 录

第1章 INDICS工业互联网平台

工业互联网是人与机器、机器与机器连接的新一轮技术革命。工业互联网平台作为工业互联网的核心，是工业全要素连接的枢纽。本章主要介绍工业互联网的起源与现状，并介绍世界首批、我国首个工业互联网平台——INDICS工业互联网平台(以下简称INDICS平台)，以及INDICS平台的核心系统级工业应用——“一脑一舱两室两站一淘金”(企业大脑、企业驾驶舱、云端业务工作室、云端应用工作室、企业上云服务站、中小企业服务站、数据淘金)。

1.1 工业互联网简介

工业互联网深刻影响着研发、生产和服务各个环节，当今工业互联网技术与应用日渐丰富，传感器互联、网关通信转换、工业应用综合集成、虚拟化技术、大规模海量数据挖掘预测等信息技术的应用呈现出更为多样的工业系统智能化特征；此外，工业互联网还影响着工业物联网的商业与管理创新进程，潜移默化地改变着产品的技术品质和生产效率。

1.1.1 工业进化史

工业发展的变革始于18世纪的英国，也被称为第一次工业革命。这次工业革命标志着人类社会发展史上一个全新时代的开始，拉开了整个人类社会向工业化社会转变的帷幕，工业进化史如图1-1所示。

1. 工业1.0——机械化

瓦特改良了蒸汽机，开启了工业革命，实现工厂机械化。

第一次工业革命是指18世纪从英国发起针对生产领域的技术革命，它开创了以机器代替手工劳动的时代。此次革命以工作机的诞生开始，以蒸汽机作为动力机被广泛使用为标志。蒸汽机的改良推动了机器的普及以及大工厂制的建立，从而推动了交通运输领域的革新。这次技术革命和与之相关的社会关系的变革，称为第一次工业革命或者产业革命。

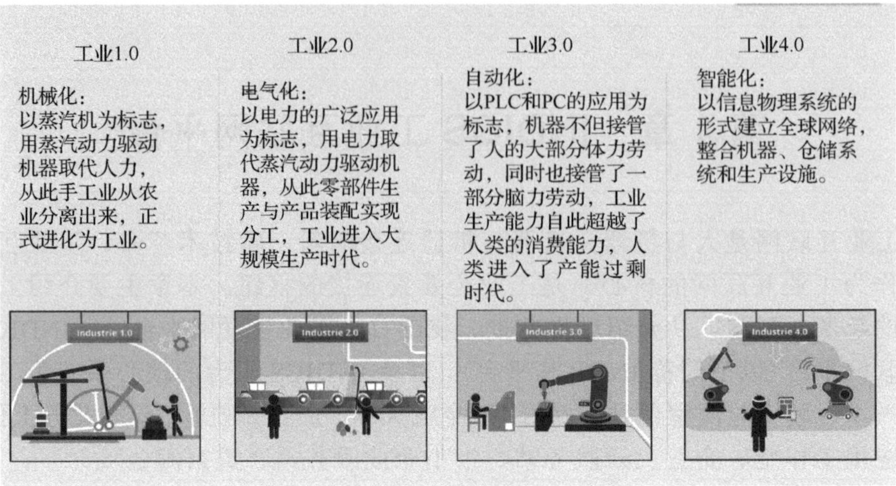

图 1-1　工业进化史

2. 工业 2.0——电气化

发电机的发明，使得电器被广泛使用，人类进入了电气自动化设备的年代。

第二次工业革命是指 19 世纪中期，欧洲的一些国家和美国、日本的资产阶级革命。此次革命促进了经济的发展，出现的新兴工业，如电力工业、化学工业、石油工业和汽车工业等，都要求实行大规模的集中生产，垄断组织在这些部门中应运而生，企业的规模进一步扩大，劳动生产率进一步提高。此次革命强调电力驱动产品的大规模生产，并开创了产品批量生产的新模式，人类进入了电气时代。

3. 工业 3.0——自动化

网络资讯的发展连接全球各地，各种精密机器的发明大幅提升了生产的效率与品质。

第三次工业革命始于 20 世纪四五十年代，电子与信息技术的广泛应用，使得制造过程不断实现自动化，是人类文明史上继蒸汽技术革命和电力技术革命之后科技领域里的又一次重大飞跃。第三次工业革命以原子能、电子计算机、空间技术和生物工程的发明与应用为主要标志，是涉及信息技术、新能源技术、新材料技术、生物技术、空间技术和海洋技术等诸多技术的一场信息控制技术革命，不仅极大地推动了人类社会经济、政治、文化领域的变革，而且影响了人类的生活方式和思维方式。随着科技的不断进步，人类的衣食住行用等日常生活的各个方面也发生了重大的变革。电子计算机的广泛应用促进了生产自动化、管理现代化、科技手段现代化和国防技术现代化，也推动了情报信息的自动化。以全球互联网络为标志的信息高速公路正在缩短人类交往的距离。

4. 工业 4.0——智能化

工业 4.0 起源于德国，核心概念是利用虚实整合系统，将制造业甚至整个产业供应链互联网化。

第四次工业革命的工业 4.0 战略于 2011 年诞生于德国，是德国联邦教研部与联邦经济技术部在 2013 年德国汉诺威工业博览会上提出的概念，其内容是将互联网、大数据、云计算、物联网等新技术与工业生产相结合，最终实现工厂智能化生产，让工厂直接与消费需求对接。工业 4.0 描绘了制造业的未来愿景，提出继蒸汽机的应用、规模化生产和电子信息技术三次工业革命后，人类将迎来以信息物理系统(cyber physical systems，CPS)为基础，以生产高度数字化、网络化、机器自组织为标志的第四次工业革命。随着物联网及服务的引入，制造业正迎来第四次工业革命，企业能以 CPS 的形式建立全球网络，整合其机器、仓储系统和生产设施。

1.1.2 工业互联网

工业互联网是通过人、机、物的全面互联，全要素、全产业链、全价值链的全面连接，对各类数据进行采集、传输、分析并形成智能反馈，推动形成全新的生产制造和服务体系，提升资源要素配置效率，充分挖掘制造装备、工艺和材料的潜能，提高企业生产效率，创造差异化的产品并提供增值服务。

工业互联网是新一代信息通信技术与工业经济深度融合的全新工业生态、关键基础设施和新型应用模式，它通过新一代信息通信技术建设连接工业全要素、全产业链的网络，以实现海量工业数据的实时采集、自由流转、精准分析，从而支撑业务的科学决策，实现资源的高效配置，推动制造业融合发展。工业互联网的技术与实践是全球范围内正在进行的人与机器、机器与机器连接的新一轮技术革命，并在美国、德国、中国三个制造业大国依据各自产业技术优势沿着不同的演进路径迅速扩散。工业互联网的实践是以全面互(物)联网与定制化为共性特点形成制造范式，深刻影响着研发、生产和服务等各个环节。工业互联网的内涵日渐丰富，传感器互(物)联网与综合集成、虚拟化技术、大规模海量数据挖掘预测等信息技术应用呈现出更为多样化的工业系统智能化特征。基于工业互联网的商业与管理创新所集聚形成的产业生态将构建新型的生产组织方式，也将改变产品的技术品质和生产效率，进而从根本上颠覆制造业的发展模式和进程。

1.1.3 工业互联网平台

从技术角度来看，网络、平台及安全是构成工业互联网的三大体系，其中网络是基础，平台是核心，安全是保障。

工业互联网平台作为工业互联网的核心，是面向制造业数字化、网络化、智能化需求，构建基于海量数据采集、汇聚、分析的服务体系，支撑制造资源泛在连接、弹性供给、高效配置的载体，是工业全要素连接的枢纽。

美国和德国等国家的先进企业正在以工业互联网平台为竞争点，在全球范围内扩张，工业互联网平台成为国内外先进企业抢占全球制造业主导权的必争之地。

基于各国工业体系与基础环境不同，全球工业互联网建设形成了三种范式。德国采取自下而上的模式，以完善的信息物理系统为基础，从设备的智能化开始，逐步向上延伸到生产线智能化、车间智能化、工厂智能化，最终通过打造智能制造平台逐步实现工业 4.0 的目标。美国采取由中间向两端全产业链延伸的模式，在基本实现智能制造的垂直配套体系之中，以线下全球协同制造分工布局为基础，打造全球化线上协同制造与协同售后服务平台，继续保持全球制造业垂直分工体系的主导地位。中国采取自上而下逐步深化的模式，在绝大部分企业不具备智能制造能力，企业的运营流程尚未完成信息化改造，且短时间内不可能完成智能化改造和信息化改造的前提下，从云制造生产方式变革入手，在渐进开展制造能力智能化改造和企业运营流程信息化改造过程中，同步开展企业制度的调整与变革，最终实现从云制造到协同制造、从协同制造到智能制造的逆袭。

中国航天科工集团有限公司的 INDICS 平台选择的就是第三种范式，即首先搭建工业领域公共云平台，从打造云制造产业集群生态起步，先把分散在全国各个角落市场主体的资源配置与业务流程优化工作放在中心地位，配合中国制造业的群体转型，重点服务中小微企业生产方式转变，以及企业组织结构和企业制度变革的需求，从云端企业“省钱、赚钱、生钱”三个层次逐步递进，着力打造云制造产业集群生态。INDICS 平台上线 4 年后交出的答卷，初步验证了具有中国特色、自上而下逐步深化工业互联网发展路径的现实合理性。INDICS 平台模式，既是通过“智能+”为中国制造业高质量发展和转型升级“赋能”的“航天方案”，也是为国际工业互联网建设贡献的“中国方案”。

我国政府高度重视工业互联网平台的发展，倡导工业企业云上发展，国务院印发的《关于深化“互联网+先进制造业”发展工业互联网的指导意见》也提出了到 2020 年，推动 30 万家企业应用工业互联网平台，到 2025 年，实现百万家企业上云的具体任务目标。工业企业认识到未来云化发展趋势及带来的好处，纷纷将生产数据、信息系统等迁移到云上，逐步形成平台化发展。

目前，国内外主流的工业互联网平台见表 1-1。

表 1-1　国内外主流的工业互联网平台

序号	平台名称	企业	主要描述
1	Predix 平台	GE	Predix 平台的四大核心功能是链接资产的安全监控、工业数据管理、工业数据分析、云技术应用和移动性； 平台架构共分为三层，分别为边缘连接层、基础设施层和应用服务层
2	MindSphere 平台	西门子	基于云的开放式物联网操作系统； 对于工业设备的数据采集，西门子提供了一个 MindConnect 的工具盒子，可以让设备轻松入网
3	Ability 平台	ABB	“边缘计算+云”架构； 边缘设备负责工业设备的接入，对关键设备的参数、值和属性进行数据采集，由边缘计算服务进行数据的处理和展现，最上层的云平台对工业性能进行高级优化和分析
4	INDICS 平台	航天云网	INDICS 平台通过高效整合和共享国内外高、中、低端产业要素与优质资源，以资源虚拟化、能力服务化的云制造为核心业务模式，以提供覆盖产业链全过程和要素的生产性服务为主线，构建“线上与线下相结合、制造与服务相结合、创新与创业相结合”，适应互联网新业态的云端生态
5	根云平台	树根互联	根云平台主要基于三一重工股份有限公司在装备制造及远程运维领域的经验，由 OT 层向 IT 层延伸构建平台，重点面向设备健康管理，提供端到端工业互联网解决方案和服务； 主要具备智能物联、大数据和云计算、SaaS 应用和解决方案三方面功能
6	COSMOPlat 平台	海尔	COSMOPlat 平台共分为资源层、平台层、应用层和模式层； COSMOPlat 平台已打通交互定制、开放研发、数字营销、模块采购、智能生产、智慧物流、智慧服务等业务环节，通过智能化系统使用户持续、深度参与到产品设计研发、生产制造、物流配送、迭代升级等环节，满足用户个性化定制需求

1.2　INDICS 平台简介

中国航天科工集团有限公司依托多年来在先进制造业和信息技术产业的雄厚实力，倾力打造世界首批、中国首个工业互联网平台——INDICS 平台。2015 年 5 月，中国航天科工集团有限公司成立航天云网科技发展有限责任公司；2017 年 6 月，航天云网科技发展有限责任公司打造的 INDICS 平台面向全球正式发布。

1.2.1　概述

1. 云制造的内涵

云制造是一种基于泛在网络，借助新兴制造技术、新兴信息技术、智能科学技术及制造应用领域技术 4 类技术深度融合的数字化、网络化、智能化技术手段。制造云构成了以用户为中心的制造资源与能力的服务云(网)，使用户通过智能终端及制造云服务平台能随时随地按需获取制造资源与能力，对制造全系统、全生命周期活动(产业链)中的人—机—物—环境—信息进行自主智能的感知、互联、协同、学习、分析、认知、决策、控制与执行，促使制造全系统及全生命周期活动中的人/组织、经营管理、技术/设备(三要素)及信息流、物流、资金流、知识流、服务流(五流)集成优化；构成一种基于泛在网络，以用户为中心，人机物融合，互联化、服务化、协同化、个性化(定制化)、柔性化、社会化的智能制造新模式(云制造范式)，进而高效、优质、节省、绿色、柔性地制造产品和服务用户，提高企业(集团)的市场竞争能力的新型制造模式。

2. INDICS 平台与云制造

INDICS 平台以云制造为核心，以生产性服务为主的综合服务为依托，采用开放的技术体系、开放的商业模式与低成本高效的管控体系，形成可复制、可移植的顶级现代服务业运行体制与机制，优化整合国内外资源，形成产业发展的社会化大平台，以实现“企业有组织、资源无边界”“不求所有、但求所用”的目标。

3. INDICS 平台内涵

INDICS 是以区块链、边缘计算、大数据智能、新一代人工智能技术等为核心的工业互联网开放空间，面向全球开发者、设备制造商和集成商以及合作伙伴提供全生命周期工业应用的开发、部署和运行环境。INDICS 平台作为一种提供跨行业、跨领域、跨地域的产品全生命周期、全产业链的工业操作系统，可实现对工业设备、工业服务和工业产品的感知与物联、共享与协同、学习与决策、控制与调度，全面支撑智能制造、协同制造、云制造等新型制造模型和生态。

1.2.2　INDICS 平台功能

INDICS 平台基础架构及功能模块采用五层结构，分别是应用层(SaaS 层)、平台服务层(PaaS 层)、数据服务层(DaaS 层)、基础设施服务层(IaaS 层)和工业物联网层(IIOT 层)，如图 1-2 所示。

(1) 应用层(SaaS 层)：提供工业应用服务，包括精益制造、智能研发、智慧控制和以远程监控、智能诊断、售后服务、资产管理为核心的智慧服务等制造全产业链的工业应用服务功能。

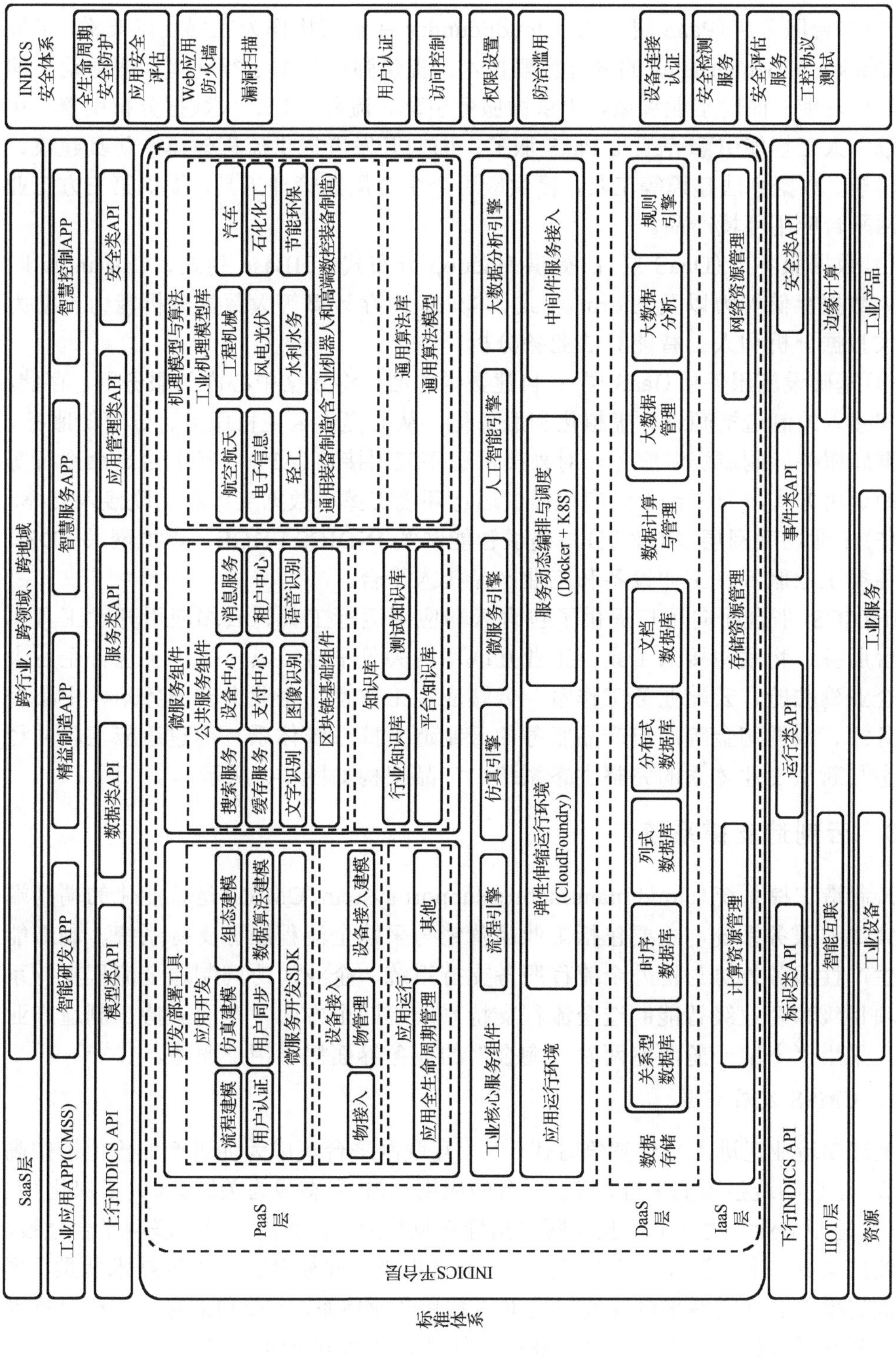

图 1-2　INDICS 平台总体架构

(2) 平台服务层(PaaS 层)：以 CloudFoundry 基础架构作为底层支撑架构，扩展基于 Docker 和 Kubernetes 的混合容器技术，提供弹性伸缩运行环境和服务动态编排与调度功能；面向工业领域，提供微服务引擎、流程引擎、大数据分析引擎、仿真引擎和人工智能引擎等工业 PaaS 服务；面向开发者提供流程建模、仿真建模、组态建模、数据算法建模等工具，提供应用全生命周期管理工具，提供第三方工业互联网平台应用环境产品。

(3) 数据服务层(DaaS 层)：提供 Hadoop 分布式、HBase 列式、Cassandra 时序等大数据存储能力以及 Storm 流式、Spark 内存计算等大数据分析能力，助力工业大数据分析和人工智能算法业务分析。

(4) 基础设施服务层(IaaS 层)：自建数据中心，将数据中心内的服务器、存储、网络和接入的制造资源进行虚拟化和服务化，从而提供云主机服务、云存储服务、云数据库服务、制造资源服务，对外提供程序应用接口(API)、控制台、命令行等形式的调用方式，为平台上的应用提供运行环境支撑、数据支撑和物联接入支撑。

(5) 工业物联网层(IIOT 层)：提供智能网关 INDICS EDGE、虚拟网关 SDK，支持各类工业服务、工业设备和工业产品接入平台。

INDICS 平台面向用户提供了包含云端应用运行工具、云端应用开发工具、云平台服务、物联网接入工具、工业互联网网关等平台工具，提供了包含企业大脑、企业驾驶舱、云端业务工作室、云端应用工作室、企业上云服务站、中小企业服务站、数据淘金等用户产品服务的云制造支撑系统体系，构建适应互联网经济业态与新型工业体系的完整生态系统，产品架构如图 1-3 所示。

1.2.3　云制造支撑系统

云制造支撑系统(cloud manufacture support system，CMSS)是智能化的端到端应用集成与服务系统，主要包括工业品营销与采购全流程服务支持系统、制造能力与生产性服务外协与协外全流程服务支持系统、企业间协同制造全流程支持系统、项目级和企业级智能制造全流程支持系统等四个方面，全面支持云制造产业生态。采用“一脑一舱两室两站一淘金”的业务界面提供用户服务。

1. CMSS 发展背景

全球制造业正进入平台竞争时代，工业互联网平台正成为促进产业价值链中高端升级，建设制造强国的关键，基于平台的应用 APP 生态成为关键。《关于深化“互联网+先进制造业”发展工业互联网的指导意见》指出，加快工业互联网平台建设，突破数据集成、平台管理、开发工具、微服务框架、建模分析等关键技术瓶颈，形成有效支撑工业互联网平台发展的技术体系和产业体系。工业和信息化部积极推动工业互联网平台建设，大力推进工业技术软件化和百万 APP 工程。

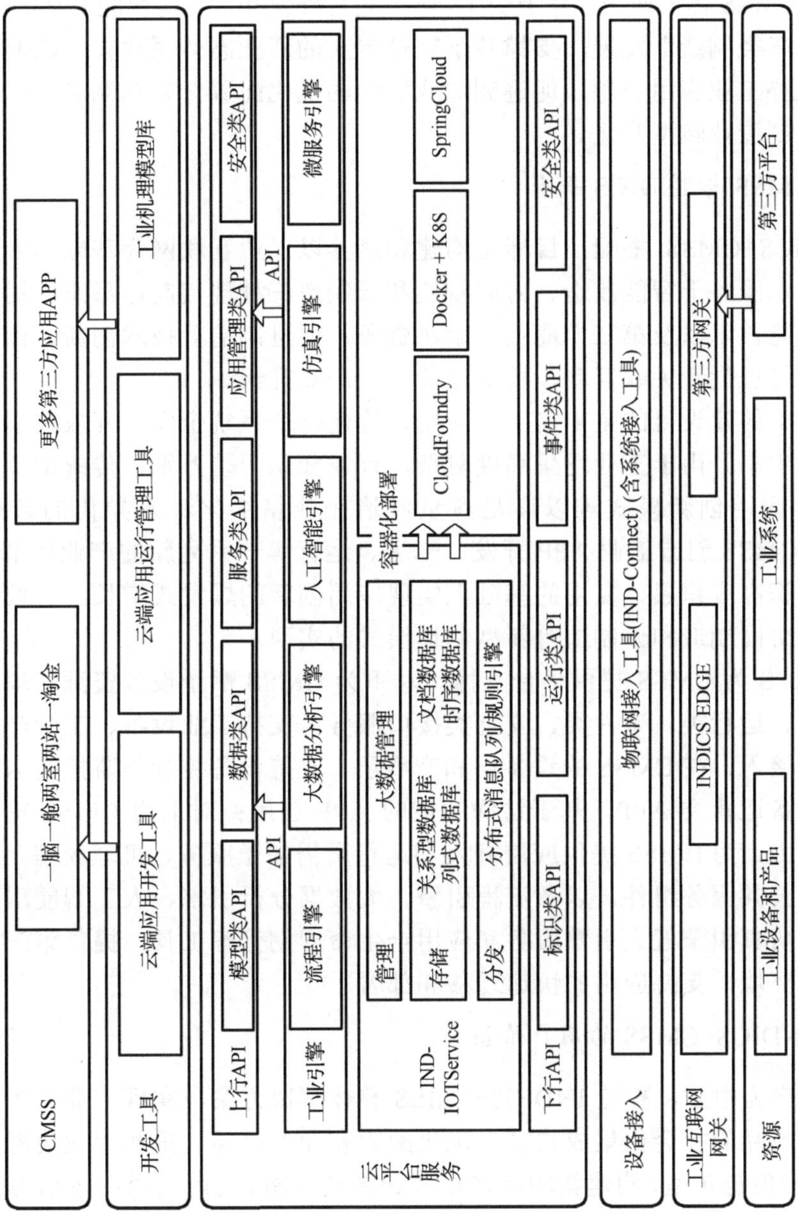

图 1-3 INDICS 平台产品架构

为深入贯彻落实以上重大举措，促进产业转型及未来企业生产经营模式升级，中国航天科工集团有限公司提出 INDICS+CMSS 发展战略，着力开展 INDICS+CMSS 体系研发，并于 2018 年正式对外发布，实现智能制造、协同制造、云制造“三类制造”发展，支撑基于软件定义的新业态体系建设。CMSS 可整合积淀的优势工业应用资源，促进制造业资源的优化配置，带动制造业产业链的重构，实现制造业转型升级。

2. CMSS 与 INDICS 平台

INDICS+CMSS 搭配，目标是构建和涵养以工业互联网为基础的云制造产业集群生态，服务于智能制造、协同制造和云制造三种现代制造形态，运用大数据和人工智能技术以及第三方商业与金融资源，促进制造业技术创新、商业模式创新与企业管理创新关联互动，推动企业转型产业升级。

CMSS 的建设目的是丰富工业应用，构建一个系统全面、开放共享、使用便捷的创新生态。由于工业场景高度复杂，行业知识千差万别，传统由少数大型企业驱动的应用创新模式难以满足海量制造企业精细化、差异化的转型需求。INDICS+CMSS 创造工业 APP 开发、部署、运行等一系列新的产业环节和价值，在工业知识高度积累、复用的基础上实现应用创新的爆发式增长，有效支撑智能化改造、协同制造和云制造等新型制造模式的实现。

INDICS 为 CMSS 提供平台支撑：对下为 CMSS 赋予设备资源管理能力，提供标识类、运行类、事件类、安全类接口服务，支持工业设备、工业产品和智能产品资源接入，在 CMSS 的设备层和产线层，支持设备控制与监控类 APP，数据驱动的设备运营类 APP，基于边缘智能的 APP 应用；对上为 CMSS 提供平台应用服务能力，为 CMSS 提供应用开发和运行所需的微服务、机理模型、建模和开发工具、公共服务组件，以及流程引擎、大数据分析引擎、人工智能引擎、微服务引擎、仿真引擎五大引擎服务和应用全生命周期管理工具，提供第三方工业互联网平台环境，支持应用的快速迁移和部署。

3. INDICS+CMSS 的用户价值

以用户为中心，打造 INDICS+CMSS 整体解决方案，实现工业服务、工业设备和工业产品的社会化集成共享、优化配置和业务协同，重塑行业边界及产业结构，实现价值链转型，构建新的制造模式和制造生态。其内在商业驱动力为 3M（省钱（to save money）、赚钱（to get money）、生钱（to make money））。

利用 INDICS+CMSS 整体解决方案，帮助企业实现快速上云，实现资源的社会化集成、配置和协同，建立体系化运作结构，形成新竞争格局和新商业盈利模式，助力制造企业进行战略转型；打破传统面向单一产品和环节的技术壁垒，重塑价值链中的研发、制造、客户服务等活动，推动价值链转型；通过对技术体系、标准体系、产业体系的重塑，构建智能制造新模式和新生态。

1.3　“脑舱室站金”简介

1.3.1　概述

INDICS 平台“一脑一舱两室两站一淘金”系统是将企业发展战略转化落地的基本模式，通过对业务场景、用户需求、分工界面、组织结构等方面的内容实现规范化、标准化处理，形成统一的可复制推广的总体架构模式，进一步延伸至平台其他产品，形成统一架构的工业应用集成环境，指导平台产品建设，拓展第三方工业应用资源合作。

INDICS 平台“一脑一舱两室两站一淘金”系统面向大型集团企业、中小微企业内的决策层、经营层与业务层提供三大层面上的服务。决策层主要指企业领导班子成员，负责公司战略制定、开拓与规划新业务；经营层指各部门管理中层，负责公司研发、生产、采购与销售等日常业务的日常运行；业务层由研发部门、生产部门、销售部门、采购部门、财务部门、仓库管理等其他综合支撑部门组成，负责公司具体业务执行。

“企业大脑”是指企业决策支持系统，主要服务于公司决策层，通过数据和专家系统、规则库、知识库、模型库、算法库、数据库等资源支撑企业战略管控与战略决策。

“企业驾驶舱”是指企业运行支持系统，主要服务于公司经营层，支撑企业经营管控活动，可为企业经营层提供大数据可视化服务，并可实时提取生产、销售、产品、运营等环节数据，及时掌握管理动态，打造数据驱动型企业。

“两室”主要服务于业务层，实现企业经营业务流程全覆盖。其中“云端业务工作室”是指企业交易流程支持系统，围绕企业在线采购与销售业务，打通线上合同的“对接、商签、履约、结算”业务流程和电子签章服务；打通财务、税务、物流等业务流程，可通过与企业自有信息系统的数据互通，实现客户到供应商业务流程的集成贯通，提供以交易为核心的一站式全流程业务服务。“云端应用工作室”是指企业制造过程支持系统，支撑工程类业务开展，可通过设计研发、生产制造和运营管理的有效集成，最终形成跨单位、跨专业的数字化协同设计、协同试验和协同制造能力。

“两站”主要实现企业的上云接入和服务支撑。其中“企业上云服务站”是指企业设备/业务上云服务系统，为企业上云提供引导和路径，帮助企业设备、产线及业务快速上云，帮助企业上云及智能化改造服务，实现生产管理数据与业务数据的采集和应用，实现网络化协同制造。“中小企业服务站”是指企业管理外包服务系统，给企业提供生产性、综合性服务支撑，可汇聚线上线下优质资源，提供一站式企业服务，降低企业运营成本，激活创新潜力。

“数据淘金”是指基于数据价值挖掘的知识服务系统，服务于所有企业内部角色，基于平台数据，面向企业和生态伙伴(数据增值服务商)提供增值服务。

航天云网“一脑一舱两室两站一淘金”系统架构图如图 1-4 所示。

1.3.2 “脑舱室站金”的应用价值

“一脑一舱两室两站一淘金”系统级工业应用作为 INDICS 平台的业务界面，是云端应用的集成环境，支持满足不同行业、不同领域企业的数字化、网络化、智能化、云化需求，无须企业单独部署，利用云端应用场景集成工业 APP 功能体系，具备一站式、多租户的特性，同时支撑工程类业务人员、协作配套类业务人员、企业经营管理者、企业决策者等类型用户不受区域限制开展云端业务。

因此，“一脑一舱两室两站一淘金”总体架构应采用“分层-微服务”的架构方式。分层架构即满足底层数据资源到顶层应用价值实现。微服务架构以面对不同种类客户、不同行业领域业务工作的较大差异，应具备良好的功能延展性、部署的便利性和高可定制性，实现渐进式开发或引入，以适应用户在不同阶段、不同时期的需求。

1. 平台层

基于 INDICS 平台提供 PaaS、IaaS 云架构服务，以 API 形式为“一脑一舱两室两站一淘金”的第三方工业应用的系统集成及业务开展提供接口。INDICS 平台具有 5 个重要功能：①提供多源异构数据接入与管理能力，帮助企业实现数据的汇聚，为实现数据分析、建模提供支撑；②构建可靠的工业应用部署运行环境，实现海量工业应用接入；③依托大数据、人工智能等新一代技术，实现核心工业引擎，提升平台服务能力；④通过对工业大数据、工业知识、技术、经验的融合，形成机理模型、算法及微服务，供开发者调用；⑤构建开放式的环境，借助机理模型、微服务组件、应用开发工具等，帮助用户快速实现工业应用开发。随着“一脑一舱两室两站一淘金”业务活动开展的不断深化、业务流程的不断丰富，大量的业务模块按照微服务的形式下沉至平台，形成可以反复调用的微服务组件，通过业务中台的构建进一步强化平台的业务开展能力和“一脑一舱两室两站一淘金”系统级应用的可剪裁、可拓展能力。

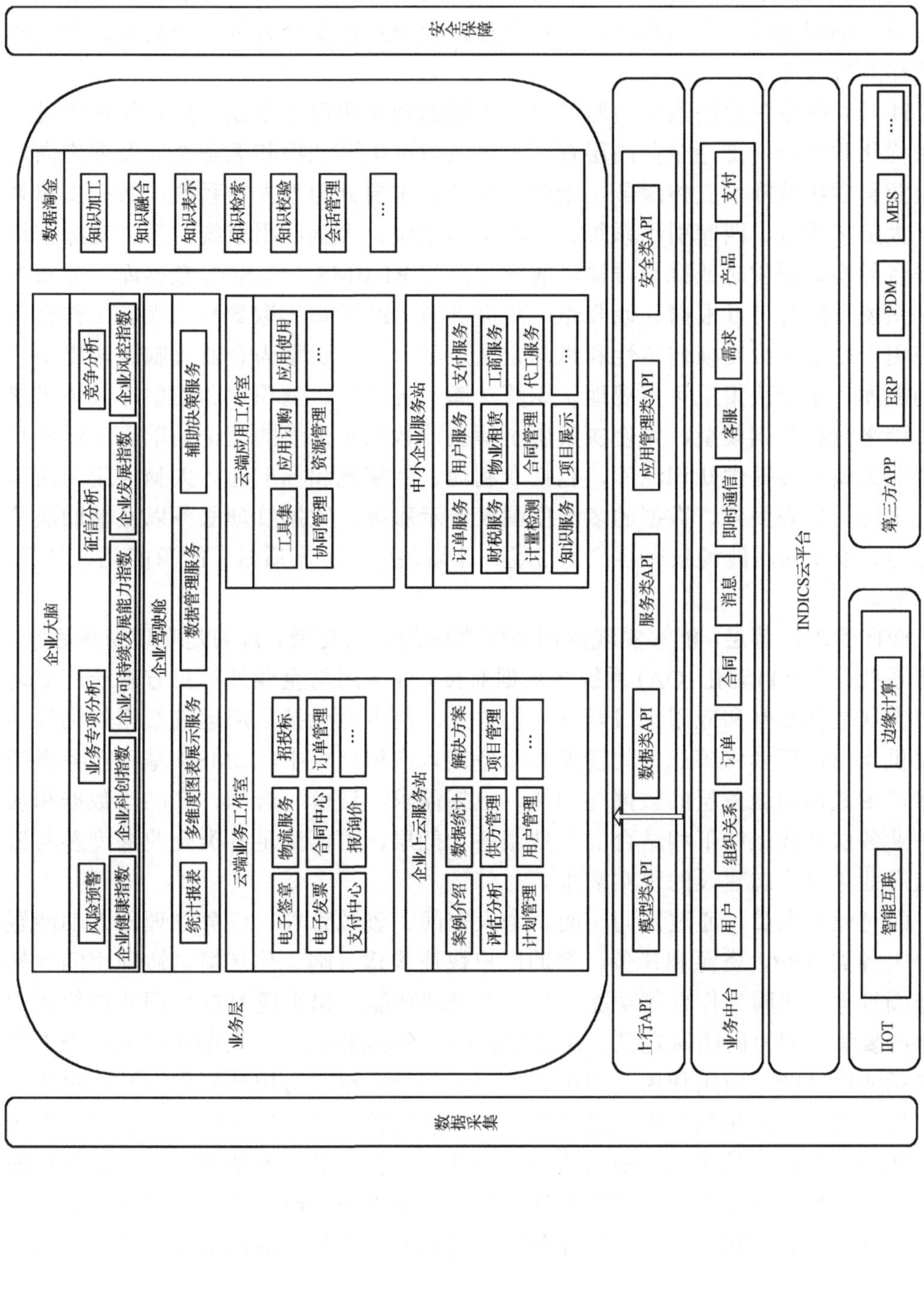

图 1-4　"一脑一舱两室两站一淘金"系统架构图

2. 业务层

业务层囊括了“一脑一舱两室两站一淘金”系统级应用的功能模块，面向不同行业、不同领域、不同地域的工业企业，为企业提供全方位、全周期、全流程的云端业务服务。

针对大中型企业决策层，通过企业大脑的功能实现了企业在经营管理中进行资源优化和整合，支持企业高层管理人员及时准确地把握和调整企业发展方向，为企业科学决策提供支撑服务。企业大脑功能主要分为五大子系统：数据支撑系统、大脑工作台、四库引擎系统、三池资源系统、大脑应用系统。数据支撑支持跨平台异构数据实时或批量传输，兼容主流的 RDBMS、NoSQL 数据库、分布式文件系统，同时可以根据其他合作厂商提供的 API 接口爬取数据。大脑工作台重点应用于企业多维度横向定性和纵向定量展示。四库引擎为企业大脑运转提供核心功能库，企业决策层可直观地认识算法库、语料库、知识库和模型库具体搭建的基础平台和基础模型，方便决策层了解企业数据库推演的理论基础。三池资源为企业大脑运转提供知识池库，包括专利池、专家池和标准池。大脑应用为决策层提供统计报表服务、数据的多维度图表展示服务、数据管理服务以及辅助决策服务等，涉及的功能场景有客户、市场、计划供应、生产质量、能源能耗、财务、人力等。

面向管理经营层，能够实现内部系统之间的数据交换，目的是实现财务系统、业务系统、办公自动化(OA)系统等数据对接。业务层与企业外第三方系统产品之间可实现数据交互和应用集成两种对接方式，前者对包括物流运输数据查询等功能提供支撑，后者将第三方的功能和服务接入应用市场中。CMSS 基础业务系统以接口形式调用业务层的数据与功能，包括需求、订单、合同、产品等数据和功能。业务层是线上线下相结合的特殊服务功能层，可以满足各类企业深度参与云制造产业集群生态建设的现实需求。

面对业务人员，通过协同空间、个人空间、资源管理、任务管理四大功能暨平台上各类 APP、资源和任务，帮助用户快速构建云端工作环境。协同空间包括工作圈管理、协同工作台等功能，与任务管理功能一起实现 IPD 协同研制模式中的核心要素，即协同团队定义、任务和目标的分解/集成，以及团队协同；个人空间包括应用订阅、应用使用、应用订单三大功能，旨在为用户提供一站式集成应用环境；资源管理包括组织人员管理、工具服务管理和应用支撑环境、工程资源库，实现人员、工具系统、知识的统一管理，以及云端和本地的协同；任务管理包括任务规划、任务看板、任务统计等功能，实现产品研制全生命周期的任务规划、任务执行、可视化管理，为任务管理提供预警提醒、决策支持。基于云端应用工作室的任务管理版块获取待办任务、消息通知等信息，通过 API 调用协同类 APP 进行企业内协同计划、协同设计、协同生产、协同仿真、协同试验等工作；调用专业类 APP 实现智慧管控、智慧研发、智能制造、智能服务；通过应用工作室的资源共享管理、工具服务管理支撑企业的云制造模式落地实施。

各企业在研发过程中，从协同制造层获取研发需求，开展设计、仿真和试验等，基于云平台通用资源版块，在云端或线下使用 CAX 工具软件，从知识库获取相关知识和标准件、元器件模型，以及开展跨企业的协同研发应用。在生产过程中，向云平台传递工艺、主计划、设备状态、生产能力等信息，开展跨企业排产和工艺仿真等应用，生成的外协、外购计划发布至协同供应链版块进行供需对接，企业针对自制计划利用云平台进行工艺仿真和产线仿真等，形成优化、合理的生产计划和节拍，基于制造执行系统(MES)下发到工业现场，利用虚拟工厂监控生产运行过程，并在生产过程及时向云平台智慧管控版块更新交货期信息，反馈质量情况。另外，针对工业现场的设备、产线和高价值装备的运行、维护需求，可利用云平台的智能服务版块，获取装备在线保障、智能资产管控、故障诊断预测等应用。

面对上云企业，通过企业上云服务站为企业提供一站式上云服务，成为企业上云工程实施抓手，支持基于云平台的智能化改造服务。通过中小企业服务站为中小微企业提供融合物业空间、政务、创业辅导、技术咨询、营销推广、科技、金融等一站式科技创新服务。

面对数据价值挖掘，数据淘金具有知识图谱、知识检索、语义识别、人机交互等功能。数据淘金接入 INDICS 平台的 DaaS 层、平台及第三方应用、专家经验等数据，通过知识抽取、知识融合、知识存储等处理过程，形成知识图谱，支持第三方合作伙伴知识库的插入，同时通过建立人工智能(AI)自学习算法，系统可以根据用户的提问、现有的数据或者知识推导出新的知识，扩充系统的知识图谱。数据淘金系统架构的重点是知识图谱模块、问题分析/语义理解模块和知识检索模块。其主要功能有 2 个：①基于工业基础词库的分词和命名实体识别；②对用户问题进行意图识别和实体抽取。意图识别是要弄清楚用户到底要问什么，如是查询故障发生次数还是查询故障原因；实体抽取是这个意图下的具体槽位值，如问句是“上个月发电机故障次数是多少”，意图就是“查询故障次数”，故障名称的槽位值是“发电机故障”，时间的槽位值是“上个月”。通过 AI 自学习模块和关系抽取实现知识图谱的抽取。知识检索模块实现路径是首先对问题进行分类，按照用户输入的问题可分为事实型和列举型问题、定义型问题、交互式问题三类。

第 2 章　应用开发环境

工业应用软件(工业 APP)是承载工业知识和经验，面向工业领域，将研发设计、生产制造、运营维护、经营管理等制造过程中的运行规律进行知识化、模型化、算法化、代码化、软件化，是承载工业技术、工艺经验、业务流程、员工技能、管理理念等知识的新载体。

工业 APP 与传统软件相比，与制造过程的结合更紧密，涉及的应用场景更加广泛，需要更多的工程技术人员、管理人员参与软件开发过程，具有更低的门槛，更短的开发周期，对于实现工业知识的快速转化、赢得发展先机至关重要。

传统的定制开发方式因为开发过程复杂、周期长等不足已经无法满足企业需求，更难以应对需求变动导致的开发修改，特别是对于工业企业开发能力不足，还要考虑后续迭代的情况，就更需要有一种简易快速的开发工具。以低代码、快速开发为核心特点的应用开发工具就是在这样的背景下应运而生的。

这类应用开发平台的最初发展可追溯到 2000 年，2000～2015 年可以算是低代码平台发展的第一阶段。在这个阶段，市场发展非常迟缓，没有大幅度的升降，也没有表现亮眼的企业。2015～2018 年，低代码化应用开发平台市场大规模升温。

低代码化的应用开发平台可以让企业内开发者及提供相关服务的开发者基于平台快速搭建工业企业所需的各类应用。这种新型的开发方式，数以倍计地提高着开发者的开发效率。国外的 OutSystems、Mendix、Salesforce 等，都可以开发 OA、ERP 等复杂的企业管理应用，并无缝集成打通其他软件系统，实现各系统间的互联互通。这种模式对于企业提高开发效率、降低开发成本和沟通成本，以及围绕业务需求快速展开研发起到直接的帮助。

2.1　基 础 理 论

2.1.1　工业 APP 特征

工业 APP 作为一种新型的工业应用程序，一般具有以下六个典型特征。

1. 完整地表达一个或多个特定功能，解决特定问题

每一个工业 APP 都是可以完整地表达一个或多个特定功能，解决特定具体问题的工业应用程序。

2. 特定工业技术的载体

工业 APP 中封装了解决特定问题的流程、逻辑、数据与数据流、经验、算法、知识等工业技术，每一个工业 APP 都是一些特定工业技术的集合与载体。

3. 小轻灵，可组合，可重用

工业 APP 目标单一，只解决特定的问题，不需要考虑功能普适性，相互之间耦合度低。因此，工业 APP 一般小巧灵活，不同的工业 APP 可以通过一定的逻辑与交互进行组合，解决更复杂的问题。工业 APP 集合与固化了解决特定问题的工业技术，因此工业 APP 可以重复应用到不同的场景，解决相同的问题。

4. 结构化和形式化

工业 APP 是流程与方法、数据与信息、经验与知识等工业技术进行结构化整理和抽象提炼后的一种显性表达，一般以图形化方式定义这些工业技术及其相互之间的关系，并提供图形化人机交付界面，以及可视的输入输出。

5. 轻代码化

工业 APP 的开发主体是具备各类工业知识的开发人员。工业 APP 具备轻代码化的特征，以便于开发人员可以快速、简单、方便地将工业技术知识进行沉淀与积累。

6. 平台化可移植

工业 APP 集合与固化了解决特定问题的工业技术，因此，工业 APP 可以在工业互联网平台中不依赖于特定的环境运行。

2.1.2　工业 APP 体系框架

工业 APP 体系框架是一个三维体系，包含了工业维、技术维和软件维三个维度，如图 2-1 所示。

(1) 工业维。一般工业产品及相关生产设施从提出需求到交付使用，具有较为完整的工业生命周期。该维度涉及研发设计、生产制造、运维服务和经营管理四大类工业活动，在每一个工业活动中，都可以细分为若干小类的活动，都可以开发、应用到不同技术层次的工业 APP 中。

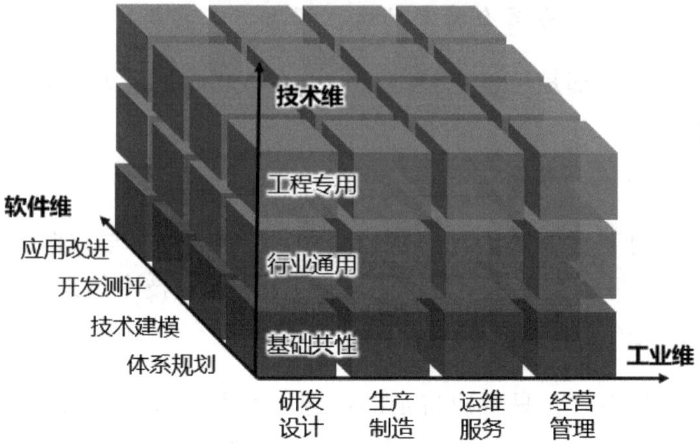

图 2-1　工业 APP 体系框架

(2) 技术维。技术维开发各类工业产品需要不同层次的工业技术。根据工业产品体系的层次关系，并映射形成工业 APP 的三大层级结构，即由机械、电子、光学等原理性基础工业技术形成了基础共性 APP；航空、航天、汽车和家电等各行业的通用工业技术形成了行业通用 APP；企业和科研院所产品型号、具体产品等特有的工业技术形成了工程专用 APP。

(3) 软件维。软件维按照工业技术转换为工业 APP 的开发过程以及参考软件生命周期，该维度分为体系规划、技术建模、开发测评和应用改进四大阶段的软件活动。

2.1.3　工业 APP 开发关键技术

工业 APP 在开发过程中存在若干关键技术，是需要重点关注的，具体如下。

(1) 工业 APP 建模技术。在面向技术流程形成工业 APP 的过程中，需以技术流程建模方式建立各种方法之间的关联。技术流程建模需要处理技术流程中不同技术方法之间的数据串行、并行等形式，同时也需要根据不同技术流程的使用方式实现连续驱动或断点驱动。

(2) 工业技术封装技术。为了充分地利用其他已有工业软件，特别是成熟、广泛应用通用的工业软件，可以将面向特定领域的工业技术细分到可以采用其他工业软件(或其中一部分)为止。此时需要采用软件化方法将细分后的方法和相关工业软件进行封装，从而形成新的工业 APP。

(3) 工业 APP 数据管理。工业 APP 开发平台需要对工业 APP 有关数据进行统一管理，并可以被流程模板和方法模块调用。技术数据管理需要按照工业技术的特点，对数据进行建模，并协调各种数据模型之间的关系，之后还需要依赖各种材料数据库、型号数据库、零部件数据库等基础数据库，最后，在工业 APP 运行过程中，流程模板和方法模块都会产生大量新的数据，这些数据需要按需进行管理。

(4) 技术对象集成。工业技术的运行具有大量的使用环境，包括其他的工业软件、工业硬件以及相关具有数据交互的其他对象。在技术方法封装过程中，需要与这些对象开展集成。

2.2　应用开发环境产品

INDICS 工业互联网集成开发环境(下面简称 IND-IDE)是基于国内外先进的低代码化的云端应用开发平台的理念和技术，针对我国现阶段工业企业实际开发现状和基于具体场景的需求，并考虑集成工业企业所需的其他系统及组件，将三方面需求要素整合，打造而成的一款符合我国工业企业真正需要的、快速的、高效的云端应用开发平台。IND-IDE 提供从开发环境到开发工具到部署上线的全方位服务，提供可视化的界面，快速拖拽的操作方式，支持应用的快速构建和发布；同时，支持集成组态建模、算法建模、流程建模和产线仿真建模等产品组件，强化了开发拓展能力。IND-IDE 产品能有效地提升企业开发效率，降低开发成本。

在技术方面，IND-IDE 利用 INDICS 工业互联网平台的基础 IaaS 层资源与 DaaS 层数据打通，基于 PaaS 层资源构建；同时通过 API、数据连接、组件功能和管理能力集成等手段，实现与 INDICS 平台的融合。图 2-2 为 IND-IDE 的技术架构图。

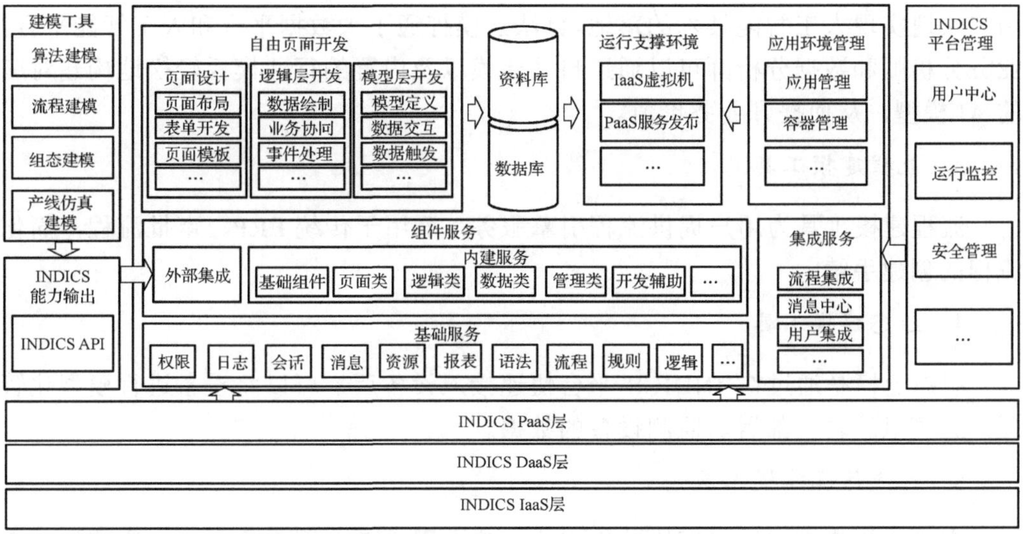

图 2-2　IND-IDE 的技术架构图

2.2.1 产品及组件

1. 应用开发工具

应用开发工具是 IND-IDE 的核心产品，它是建立在 INDICS 平台之上，为云端的工业 APP 开发者打造的、基于数据驱动模式的云端应用敏捷开发集成工具包及其管理工具。

应用开发工具主要产品特性包括以下几方面。

(1) 一站式开发环境。打造云端应用开发集成环境，能够实现基于云端应用程序的快速开发和运行。

(2) 可视化搭建 Web 页面。通过拖拽、配置的方式，可低代码化完成设备数据监控相关的 Web 页面开发。

(3) 无缝集成平台数据。支持绑定传统数据库、NoSQL 类以及大数据类数据库，方便与平台无缝集成。

(4) 云端应用托管。产品开发完毕完全托管在云端，开发完毕无须部署就可以一键发布到应用商店。

(5) 建模工具支持独立应用。应用开发工具下的各类建模工具，既能通过 API 或页面方式与开发工具进行集成，也支持独立应用。

2. 算法建模工具

算法建模是一款基于 INDICS 平台的通用的人工智能平台，可以帮助企业级用户快速实现人工智能技术的落地。算法建模打通了大数据平台和人工智能平台，业务分析师和数据分析师可以通过自动建模以及内置的行业模板轻松地构建对应的 AI 模型，从而提升业务价值。

3. 流程建模工具

流程建模工具为用户提供流程引擎服务，适用于传统 ERP、审批流程，简化流程的创建手续。

4. 组态建模工具

组态建模是通过在 INDICS 平台快速接入设备后，可以将设备进行模型化管理，并可以编辑、部署、监测设备的数据。

5. 产线仿真建模工具

产线仿真建模支持工厂快速组态化构建，用户可在图形化界面下快速构建虚拟工厂场景、配置数据，并可进行仿真计算及优化。

2.2.2　应用场景

IND-IDE 面向工业 APP 开发全流程的设计、开发、使用和运维管理，从易到难依次满足“数据+展示”“数据+模型+展示”“数据+模型+自定义组件+展示”这三类应用场景，以满足用户不同层面的开发需求。其应用场景覆盖设备智能服务、企业经营管理、云端协同研发等领域。主要应用场景覆盖如下方面。

(1) 设备智能服务。利用设备机理模型 API、设备运行监控数据、设备专家知识等，在云端快速开发工具之上开发设备运行优化(包含数据监测、状态监测)、设备故障诊断(包含劣化预测)、设备专家系统等。

(2) 企业经营管理。科学的企业经营管理主要是基于数据分析的决策和基于流程的控制。云端快速开发工具分别从数据分析和流程控制两个方面提供相应 APP 的开发能力。最终实现的 APP 可以覆盖财务、资金、经营、生产、预算、风控、资产、考核、采购、销售、决策等企业经营管理的各个方面。

(3) 云端协同研发。云端协同研发主要是解决多组织、多团队、多条线、多任务之间的任务协同、资源调配、成果共享、相互依赖、工期编排、风险监测、成本控制等问题。

第 3 章　应用开发工具

云端应用开发工具产品面向工业 APP 开发全流程的设计、开发和运维管理。其用户主要是工业 APP 开发者，这些开发者不必具备较高的软件开发，特别是代码编写能力；使其在更多地聚焦业务的分析、梳理和设计情况下，可以快速完成 APP 的开发。开发所得的 APP 成果发布后，可被 INDICS 平台之上的服务商和运营商所使用。服务商可以方便地使用这些 APP 成果开展相关服务；运营商可利用 APP 自身及平台的管理功能，完成平台或服务的管理和运营工作。

3.1　功 能 介 绍

应用开发工具主要功能包括开发桌面、应用中心、绘制页面、流程驱动、模板复用、云端协作等。

1. 开发桌面

开发桌面拥有丰富的开发组件和功能，这些组件与功能都可以集成在一个页面上使用。通过开发桌面，可以快速启动各类开发组件；查看和管理开发成果；配置和管理前台及后台服务；调用他人开发成果或发布个人成果；通过云协作与其他开发者互动。

2. 应用中心

应用中心是开发成果(功能组件、微服务、开发模板)的发布区，用户可以选择本地发布或是云端发布，也可以在云端引用。

3. 绘制页面

在绘制页面，设计即开发的模式贯彻在每一个组件和工具之中。

4. 流程驱动

流程驱动自带功能完善的图形化业务流程引擎(BPM)，流程引擎与各平台组件自动衔接。在流程的驱动下，轻松实现跨组织和跨业务系统的协同工作和成果共享。

5. 模板复用

模板复用功能支持用户独立创建新模板，或是把既有成果另存为模板。模板可在工作组或跨项目间共享。

6. 云端协作

应用开发工具提供云端开发与协作环境，通过云平台高效实现多团队的远程协作。

3.2 申请流程

首先，进入云端应用开发工具页面，单击页面的“申请使用”按钮，如图 3-1 所示。

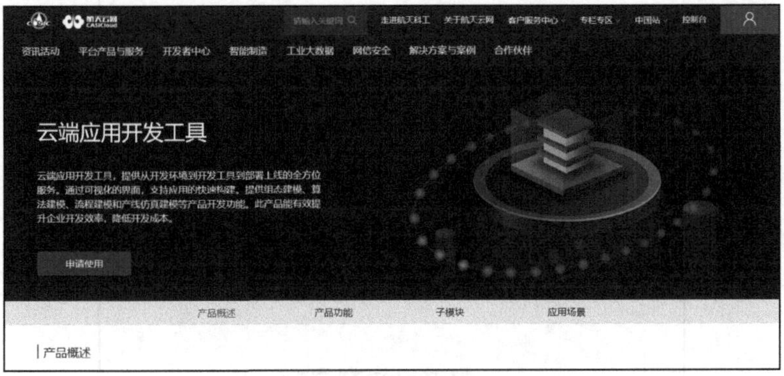

图 3-1　应用开发工具申请入口

如果此前未进行开发者认证，那么需要在认证页面进行认证，如图 3-2 所示。

图 3-2　申请开发者认证

之后选择所需的服务期限，单击图 3-3 中的“去申请”按钮，即完成正式申请的提交，能看到如图 3-4 的成功提示。在管理员审批后，即可使用应用开发工具及系列建模工具。

图 3-3　申请使用云端开发工具

图 3-4　申请提交成功

3.3 快 速 应 用

3.3.1 资源服务

资源服务主要用于资源管理。在资源服务下，用户可以看到应用门户中展现的报表、文件，还可以自己创建报表文件。

1. 数据库连接

数据库连接显示网站连接的数据源信息，其所处位置是“工具条”上的“管理→系统设置→数据库连接”，如图 3-5 所示。

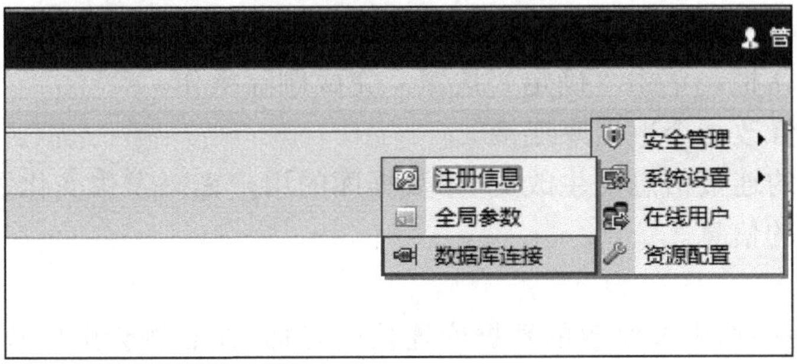

图 3-5　数据库连接

可以在此新建数据连接，对现有数据连接进行修改、删除、测试等操作。

1) 新建：添加一个新的数据库连接

操作方法：

(1) 单击“新建”按钮，弹出数据库连接配置页面，如图 3-6 所示。

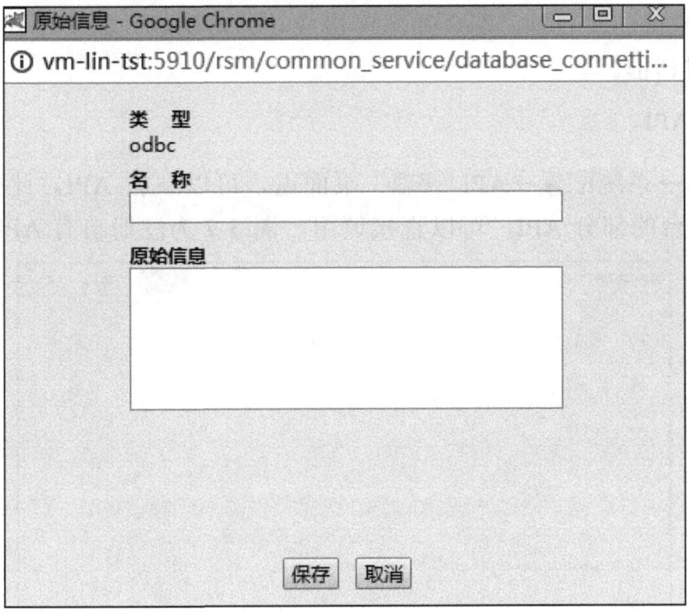

图 3-6　数据库连接配置页面

(2) 保存连接名称及连接设置后，单击“测试连接”按钮，检测连接是否成功。如果成功，弹出“连接成功！”对话框；否则，弹出提示框，显示造成连接失败可能的原因。

(3) 测试连接成功后，单击“保存”按钮，添加连接成功。

2) 删除：删除一个数据库连接

操作方法：在左栏中选择要删除的数据库连接的名称，单击“删除”按钮，会弹出删除确认框，单击“确定”按钮，完成删除操作。

3) 修改：修改一个数据库连接

当数据库的连接信息发生改变(如数据库的用户密码发生变化了)，管理员需要更改连接串的信息。

操作方法：

(1) 在左栏中选中要修改的数据库连接的名称，在右侧会出现数据库连接的名称和连接串的信息。

(2) 单击“修改”按钮，弹出数据库连接配置对话框，在这里可以修改该连接，并进行测试连接，单击“保存”按钮，更新修改。

4) 测试连接：测试字符串是否连接成功

操作方法：

(1) 在左栏中选择要测试的数据库连接的名称，单击“测试”按钮。

(2) 如果测试连接成功，则会弹出连接成功的对话框；如果没有成功，会弹出连接失败的对话框。

2. 注册 API

在“管理→系统配置→API 管理”页面里，可以添加 API。此处已提前预置了 INDICS 平台的部分 API，可以直接调用。图 3-7 为注册自有 API 的界面。

图 3-7　注册自有 API 的界面

平台已经预置了 API 供用户直接调用，可以通过“管理→系统设置→API 管理”进行查看，图 3-8 为平台预置 API 列表。

请求方式	名称	URL	描述
POST	根据设备id获得状态采集数据	api/getDevDatasByDevId.ht	mongo仅支持查询三天内的数据
POST	根据设备id获得实时采集数据	api/getDevDatasByDevIdPage.ht	根据设备id获得实时采集数据
POST	根据设备id获得设备最后活跃时间	api/getLastTimeByDevId.ht	返回devId表中最新一条数据,主要为了获取设备最后活跃的时间
POST	根据设备id, colId,时间范围获得采集数据（分页）	api/getDatasByDevIdColIdTimesPage.ht	根据设备id, colId,时间范围获得采集数据（分页）
POST	根据设备id，时间模糊查询获得采集数据	api/getDevDatasByDevIdDate.ht	根据设备id，时间模糊查询获得采集数据
POST	根据设备id获得采集点列表	api/getCollectionByDevId.ht	根据设备id获得采集点列表
POST	根据企业id已经上传数据的设备数量	api/v1/getOrgHasDatasDevsCount.ht	根据企业id已经上传数据的设备数量

图 3-8　平台预置 API 列表

3. 上传资源

在“组件→本地计算机中的文档”页面，上传项目所需的资源文件，如图片、JS、CSS 文件等。图 3-9 为上传资源的界面及步骤。

图 3-9　上传资源的界面及步骤

3.3.2 PC 端自由网页开发

PC 端自由网页开发工具是应用开发工具的核心产品模块，它的主要功能是实现数据的网上填报，即通过网页直接向系统填报数据。它支持从三个渠道采集数据，一是传统的 ETL 导入；二是使用 Excel 网上导入(EWI)组件，将 Excel 数据导入系统；三是使用自由网页(FWP)组件，用户可以在网页上设计任意格式的数据录入页面，轻松实现网上数据填报功能。

此外，自由页面还可以实现很多其他的功能，如对报表中的数据进行编辑、打印、导出，设计 Web 报表样式，以及设置超链接、上传图片等，而且还可以将其他组件，如 Web 地图、Web 图表、个人门户等嵌套到自由网页中，实现更加丰富的网页交互和展现功能。

1. 主界面

PC 端自由网页设计的主界面如图 3-10 所示，包括工具栏、资源目录树、元件库区域、模板区、主工作区、代码区以及操作区。

图 3-10　自由网页设计的主界面

2. 工具条

主界面的顶部为工具栏，工具条中包含多个功能按钮，可以对文件进行保存、另存为，添加数据源、脚本、样式、参数、事件，查看组件列表、关系图及预览文件的操作。

工具条上的按钮功能描述如下。

(1)新建：新建自由网页文件或模板。

(2)打开：打开自由网页文件。

(3)保存：保存自由网页文件。

(4)另存：将自由网页另存为新的文件。

(5)复制：复制所选组件或代码。

(6)剪切：剪切所选组件或代码。

(7)粘贴：粘贴所选组件或代码。

(8)撤销：撤销返回上一步操作。

(9)重做：重做撤销的操作。

(10)对齐：组件的对齐方式。

(11)分布：组件的平均分布设置。

(12)置顶：对所选组件置顶。

(13)置底：对所选组件置底。

(14)上移一层：对所选组件上移一层。

(15)下移一层：对所选组件下移一层。

(16)锁定：锁定组件位置不可移动。

(17)解锁：解除锁定状态。

(18)组合：将组件进行组合，更好地设置组件位置。

(19)取消组合：取消组合。

(20)相交选中：组件选中方式。

(21)包含选中：组件选中方式。

(22)数据源：设置数据源，用来连接数据库。

(23)参数：定义参数，用于接收参数。

(24)脚本：添加脚本事件，方便二次开发。

(25)样式：设置样式，有“引用样式”和“自定义样式”两种。

(26)预览：单击预览页面展示效果。预览之前要求对修改进行保存。

(27)帮助：为各项操作提供帮助。

3. 工具栏

通过工具栏上的各种按钮，对网站进行管理和各种操作。工具栏如图 3-11 所示。

图 3-11　工具栏

工具栏上的各种按钮图标和功能如下。

(1) 资源：单击此按钮，跳转到集群资源管理界面。

(2) 设置：单击此按钮，跳转到设置桌面快捷界面。

(3) 应用中心：基础大数据应用的自定义添加与删改。

4. 资源树

资源树显示的是整个“共享文件夹”的资源列表。

5. 组件区

组件区(元件库)展示所有可添加的组件列表，由基本原件、布局原件和图表等组件组成，其中包括“按钮”“数据表”“文本框”“下拉框”“复选框”“图片”“标签”等常用元件。图 3-12 为自由网页设计元件库。

图 3-12　自由网页设计元件库

对组件的基本操作如下。

(1) 添加组件：拖拽所需的组件到工作区，该组件就会出现在工作区内。

(2) 编辑组件的属性：在工作区选中需要编辑的组件，在属性区内对其属性进行编辑。通过编辑组件的属性来进行命名、绑定数据、设置样式等操作。

(3) 调整组件的位置：在工作区内可以通过拖拉的方式调整组件的位置。

(4) 删除组件：选中组件，右击，出现"删除"菜单，单击"删除"命令，则删除该组件。

6. 模板区

模板区直接显示模板资源树，包括本机模板和个人模板。用户还可以根据需求新建文件夹/模板。图 3-13 为模板区。

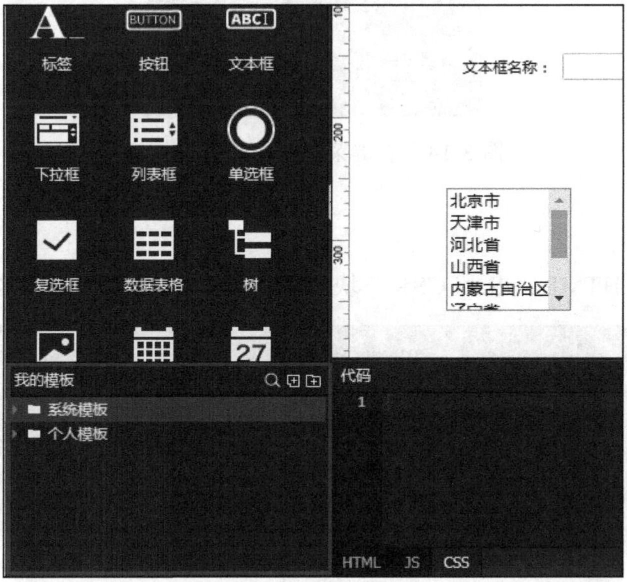

图 3-13　模板区

7. 工作区

在工作区可以做的操作如下。

(1) 拖动组件：对添加的组件进行合理布局，拖动每个组件到合适的位置。

(2) 选中组件：可以选中某个组件，在右侧属性区设置其属性。

(3) 删除组件：选中要删除的组件，右键删除即可。

(4) 在某组件上右击，显示右键菜单：剪切、复制、粘贴、组合、取消组合、锁定、取消锁定、顺序、对齐、分布、删除、显示/隐藏，基本功能同工具条。右键菜单的菜单及快捷键如图 3-14 所示。

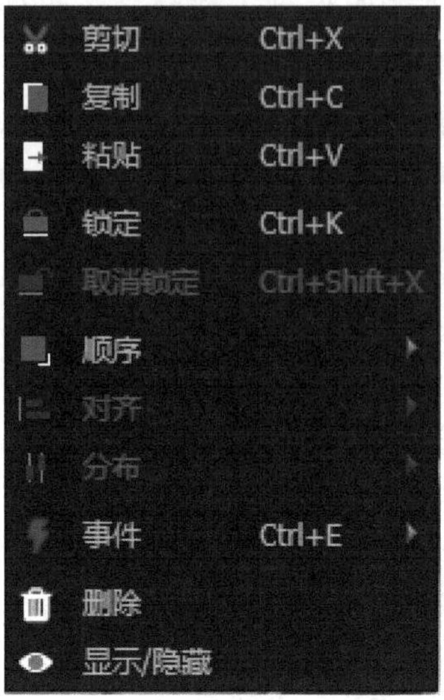

图 3-14　右键菜单的菜单及快捷键

8. 源码区

源码区分为 HTML、JS 和 CSS 三块，默认页是 HTML。源码区如图 3-15 所示。

图 3-15　源码区

(1) HTML：显示组件的源码，包括各种属性。

(2) JS：显示脚本源码。

(3) CSS：显示样式源码。

9. 操作栏

1) 属性区

针对不同的组件，需要设置的属性有所不同，在工作区选中需要调整属性的组件，在属性区对其属性进行调整，以达到理想的展示效果。主页面属性包括页面和分辨率。属性区下面分为三方面：属性、样式和数据，如图 3-16 所示。

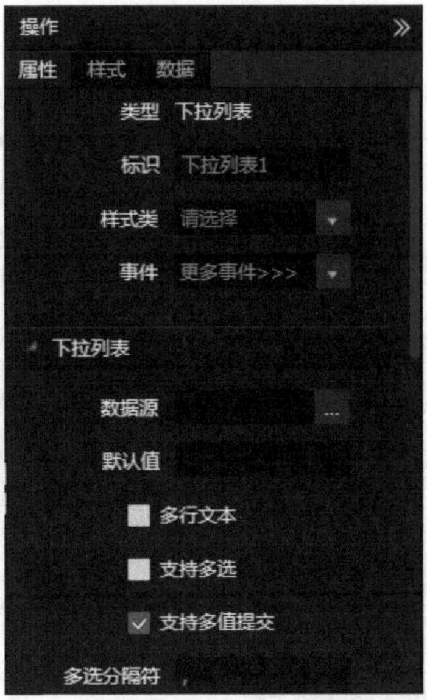

图 3-16　操作栏

组件之间的属性各不相同，这里只简单介绍一下通用属性。

(1) 类型：组件类型。

(2) 样式类：引用样式面板里面的方法。

(3) 标识：用来命名组件，是组件的唯一标识。添加一个组件时，会自动生成一个 ID，最好给组件定义一个有意义的 ID，便于查找。

(4) 事件：定义事件触发，如图 3-17 所示。

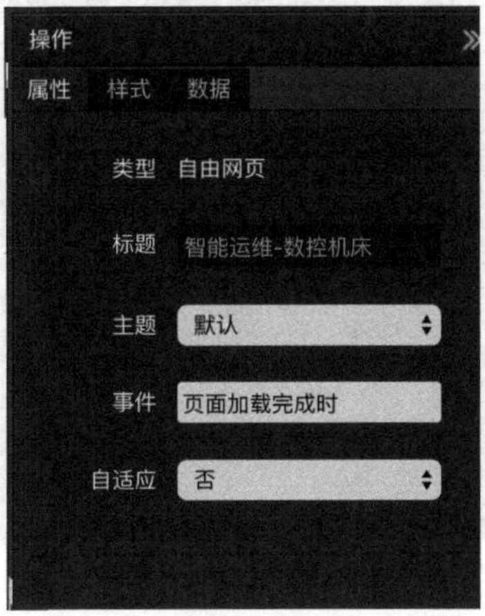

图 3-17　事件

(5) 引用类型：按钮组件专用属性，设置按钮的样式，如图 3-18 所示。图 3-19

所示为组件的通用样式。

图 3-18　引用类型

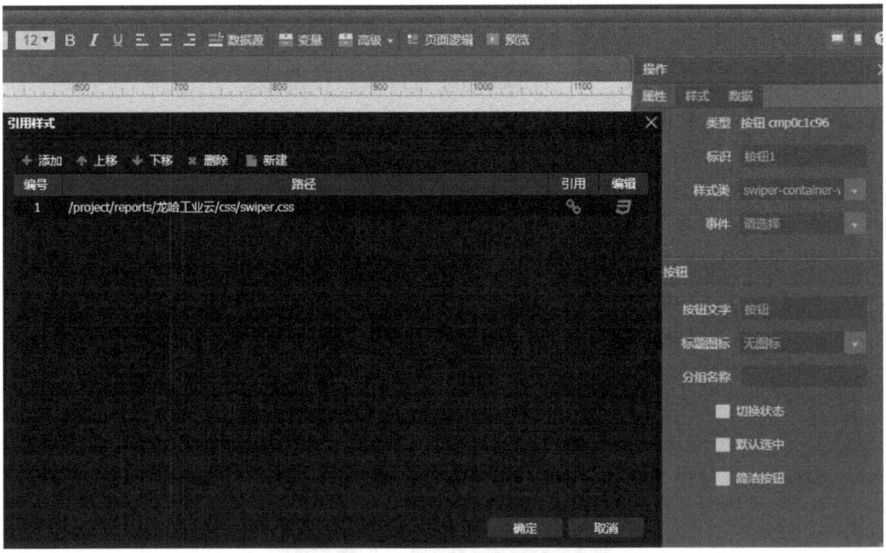

图 3-19　通用样式

(6) 引用样式：引用已经存在的样式或者自定义样式。

(7) 横坐标：记录组件所在位置的横坐标。

(8) 纵坐标：记录组件所在位置的纵坐标。

(9) 宽度：记录组件本身的宽度大小。

(10) 高度：记录组件本身的高度大小。

(11) 元件角度：元件的倾斜角度。

(12) 文本角度：文本的倾斜角度。

小工具条从左到右分别为水平翻转、垂直翻转、自动适应文本宽度、自动适应文本高度。

图 3-20 为各个组件的外观设置，因组件的不同，分块不同，但在所有模块下的属性变化不大：有填充、阴影、边框、字体、行间距等基本外观属性。

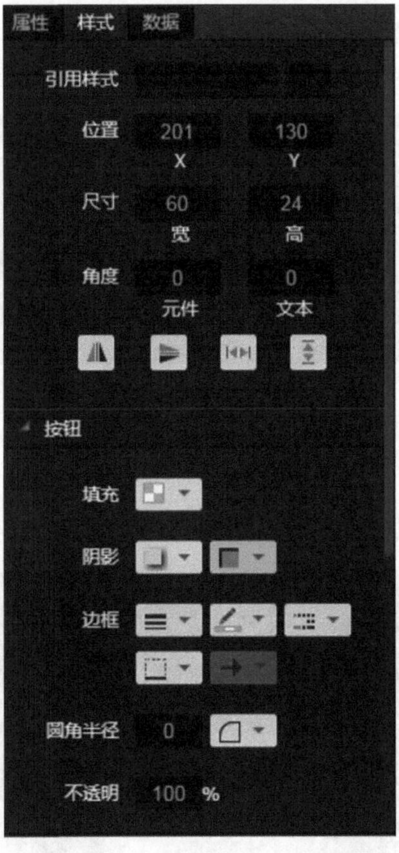

图 3-20　各个组件的外观设置

2) 元素区

元素区展示的是所有组件的标识，可进行的操作有锁定/解锁，隐藏/显示，单击元件标识，在工作区会自动锁定该元件。元素区如图 3-21 所示。

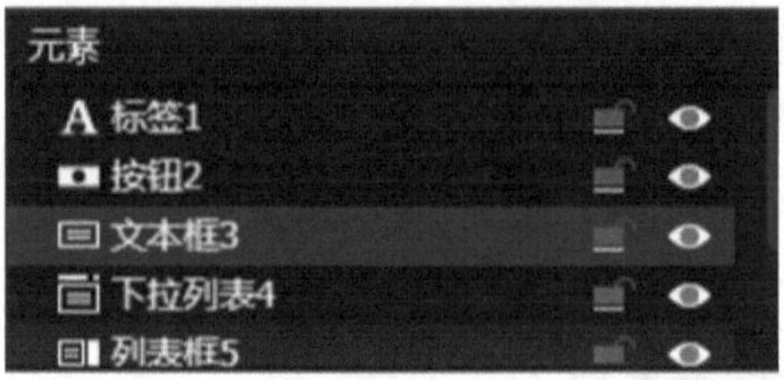

图 3-21　元素区

3) 参数区

参数区展示的是所有的参数，如图 3-22 所示。参数分为自定义参数和系统参数两种。

(1) 自定义参数：用户在该自由网页设置的参数。

(2) 系统参数：系统内已设定好的全局参数。

图 3-22　参数区

10. 数据

数据是设置数据源以及组件绑定数据源的地方，如图 3-23 所示。

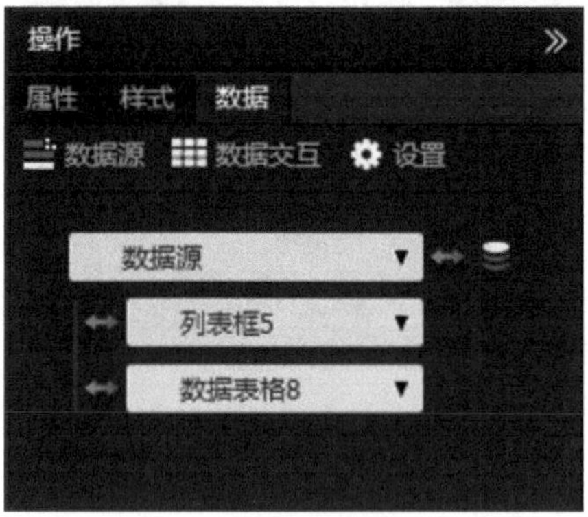

图 3-23　数据

小工具条

从左到右为数据源、数据交互和设置。其中，数据源可以进行数据源的编辑设置。

设置好数据源后进行组件的绑定，单击需要绑定的数据源，会出现元素列表，如图 3-24 所示。

图 3-24　数据源元素列表

选择需要绑定该数据源的组件单击，数据源下边会列出绑定的组件，如图 3-25 所示。

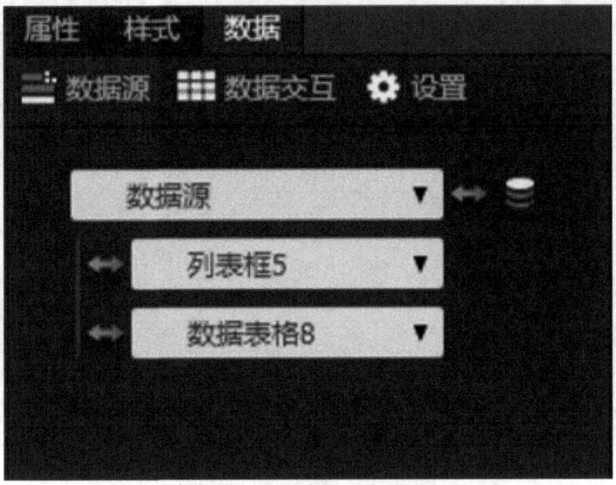

图 3-25　绑定数据源 1

单击绑定的组件进行数据列的绑定，如图 3-26 所示。

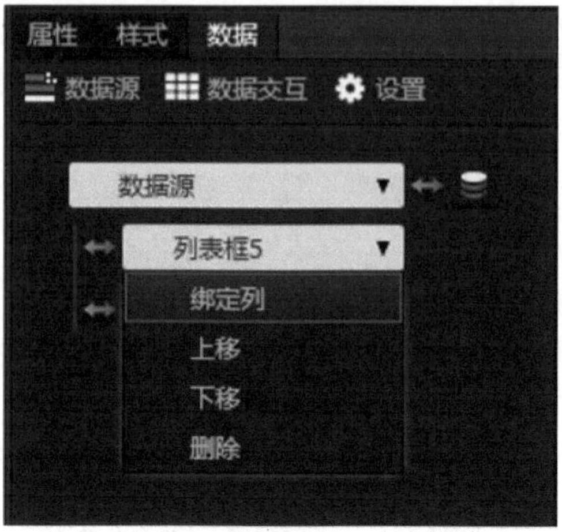

图 3-26　绑定数据源 2

单击“绑定列”按钮会弹出数据列绑定窗口，根据需要绑定列，如图 3-27 所示。

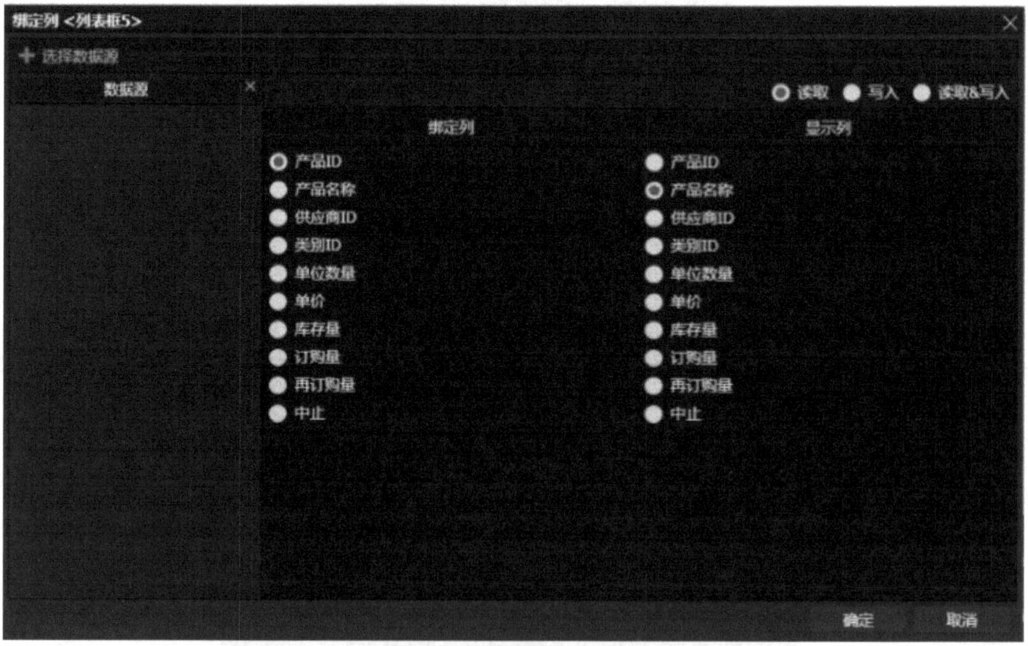

图 3-27　绑定数据源 3

确定以后，得到的列表框会显示产品名称，如图 3-28 所示。

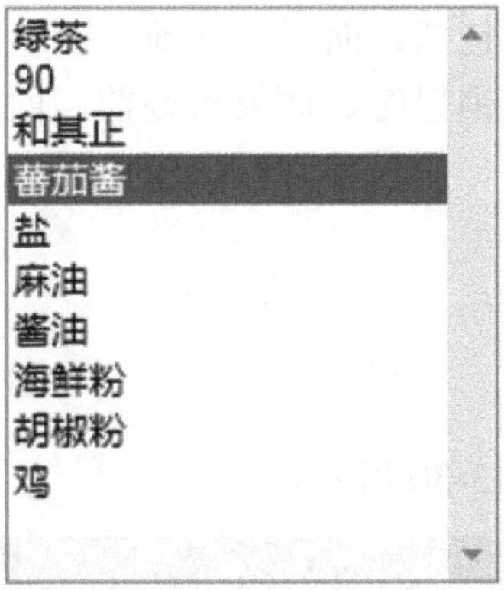

图 3-28　列表框

若要对数据源进行更改，则单击右侧按钮，会弹出下拉列表，可根据下拉列表进行相应设置。数据源操作如图 3-29 所示。

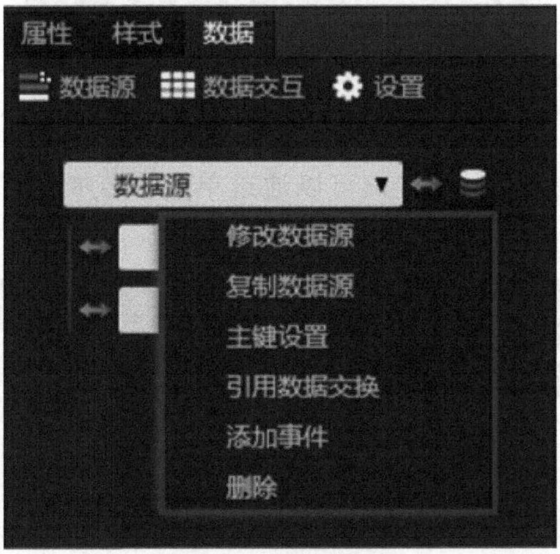

图 3-29　数据源操作

11. *布局原件*

面板是一个嵌入式框架，它的作用是在一个网页中插入一个框架窗口以显示另外一个文件。

在创建自由网页的过程中，使用面板可以直接在网页中嵌入 HTML 文件或者平台中的对象文件，使其与网页其他内容相互融合，成为一个整体；另外，如果多个网页用到同一个内容，可以不必重复编写，直接引用框架即可，从而减少了工作量。

面板的事件相对较多，包括：面板打开前、面板打开时、面板关闭前、面板关闭时、面板销毁前、面板销毁时、面板折叠前、面板折叠时、面板展开前、面板展开时、面板改变大小时、面板移动时、窗口最大化时、窗口恢复到原始大小时，以及窗口最小化时。

12. 图表

折线图

折线图的操作界面如图 3-30 所示。

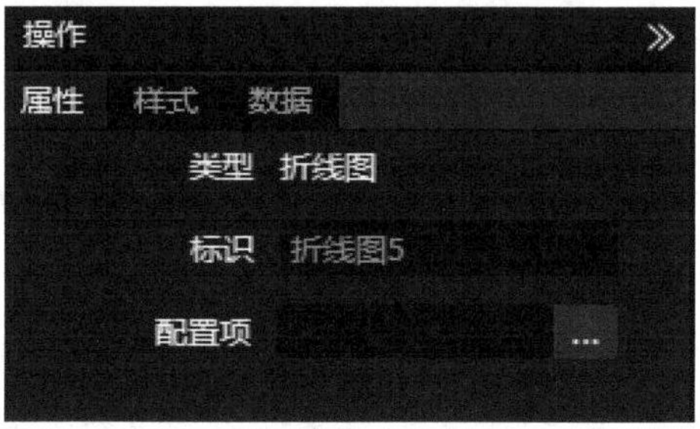

图 3-30　折线图的操作界面

该折线图的属性及外观配置，可以通过单击弹出配置项窗口进行查看，如图 3-31 所示。

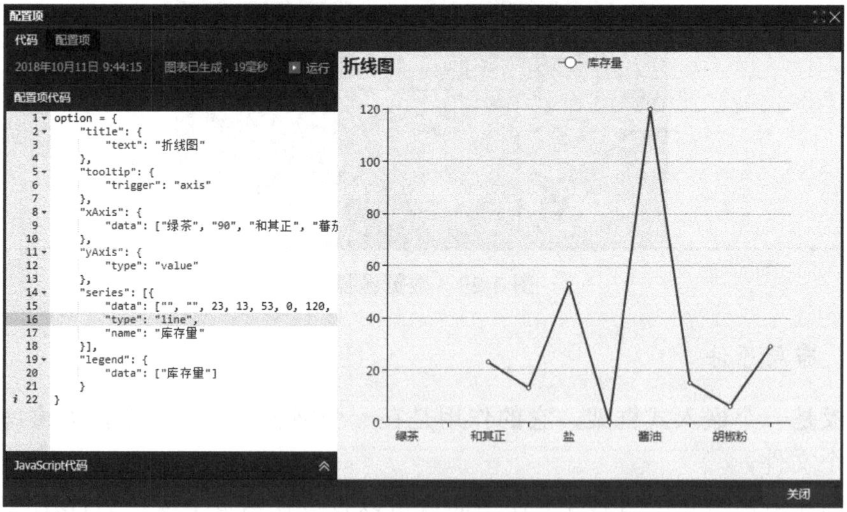

图 3-31　折线图配置界面

根据折线图的特殊性，某些样式是不可设置的，只有位置和字体大小、行间距是可以设置的，其他样式外观均在配置项中设置即可。

绑定数据是图表使用中最重要的部分，因为图表本身就是为了将数据更加直观地展示出来。如何创建数据源上面已经讲过，现在先对数据源进行绑定，只需单击数据源则会在数据源下方出现所有的元件，单击需要绑定的元件标识，再单击“折线图 5”，组态元件标识图如图 3-32 所示。

图 3-32　组态元件标识图

单击“折线图 5”，进行数据列的绑定。折线图绑定界面如图 3-33 所示。

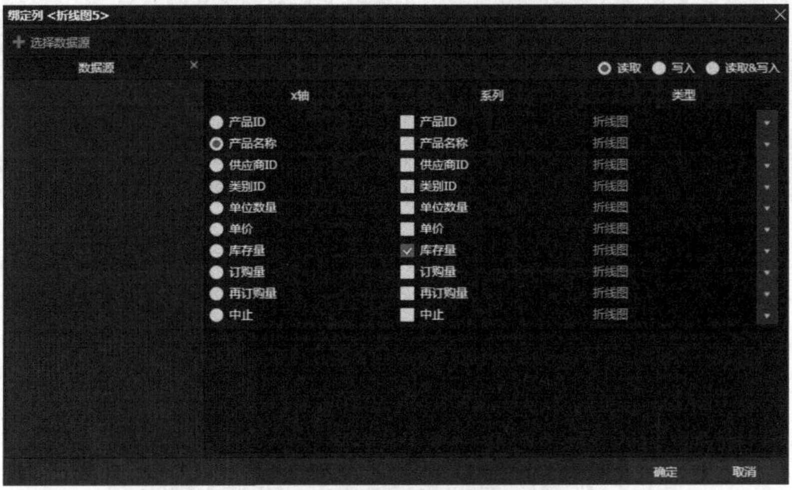

图 3-33　折线图绑定界面

13. 事件

1) 元件赋值

元件赋值就是给已添加到工作区内的组件进行赋值，单击“元件赋值”进入如图 3-34 所示的界面。

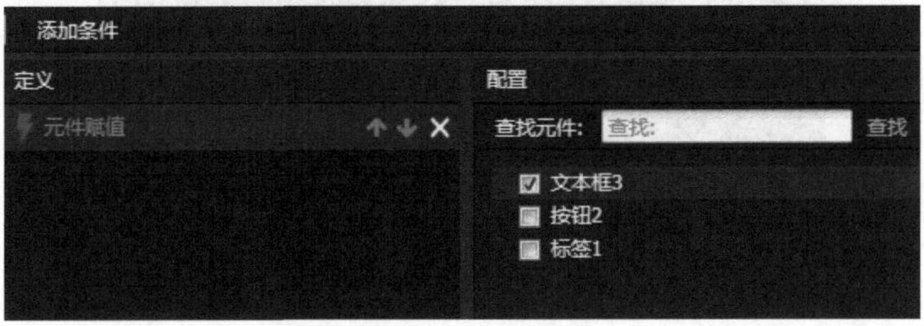

图 3-34　元件赋值 1

在右侧配置处，选中需要赋值的元件，单击“设置文本”下拉框会出现赋值来源，如图 3-35 所示。

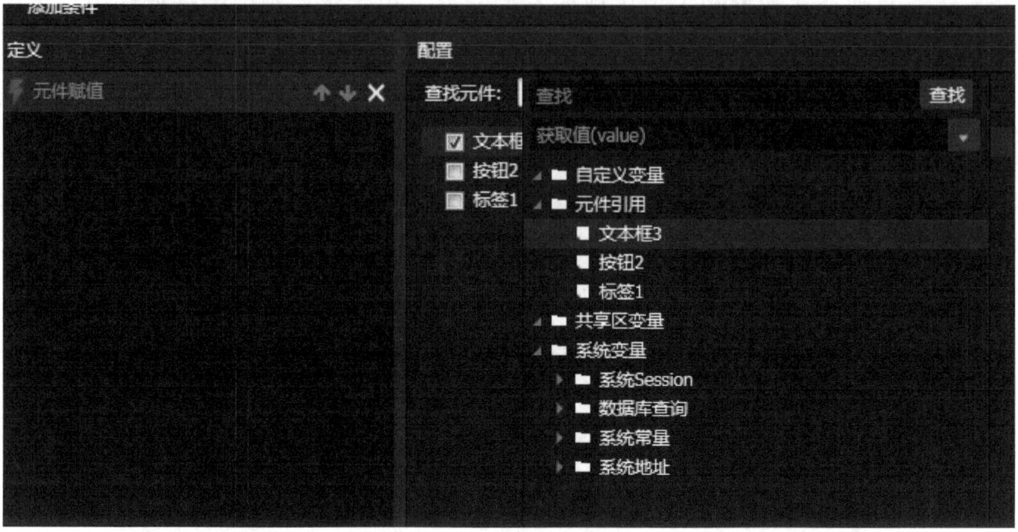

图 3-35　元件赋值 2

赋值来源有三种：自定义参数、元件引用和系统变量，其中自定义参数为用户在该自由网页设定的参数，元件引用即引用其他元件的值赋给选中元件。赋值形式有两种：值 value 即绑定 ID 和 文本 text 即显示文本。元件赋值如图 3-36 所示。

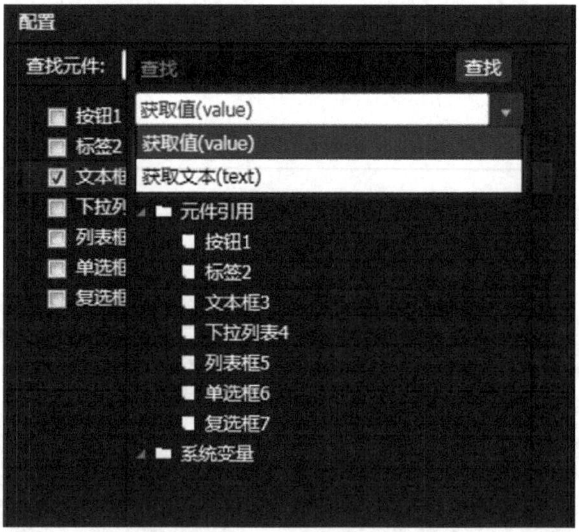

图 3-36　元件赋值 3

2) 变量赋值

变量赋值就是给用户添加的参数赋值，单击“变量赋值”，会在配置框里列出所有参数以供选择，如图 3-37 所示。

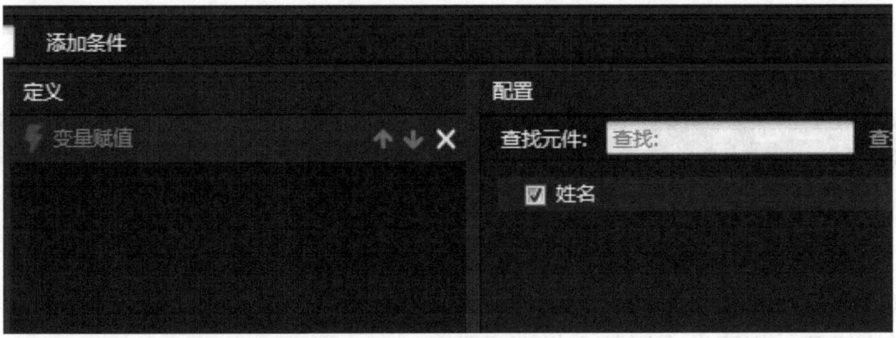

图 3-37　变量赋值 1

选中需要赋值的参数变量，如“类别 ID”，设置赋值来源，将“文本框 2”的值赋给变量，如图 3-38 所示。

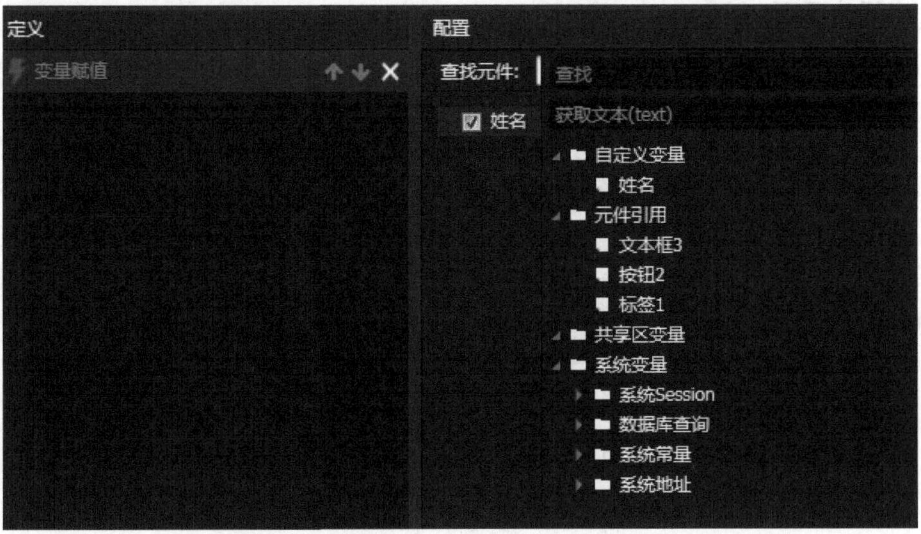

图 3-38　变量赋值 2

3.3.3　移动端自由页面开发

移动端自由页面开发功能与 PC 端自由页面开发功能基本一致。以下仅对有差异的功能进行介绍。

1. 工具条

工具条中包含多个功能按钮，可以对文件进行保存、另存，添加数据源、脚本、样式、参数、事件，查看组件列表、关系图及预览文件的操作，工具条如图 3-39 所示。

图 3-39 工具条

工具条上的按钮功能描述如下所示。

(1) 新建：新建自由网页手机端文件或模板。

(2) 打开：打开自由网页手机端文件。

(3) 保存：保存自由网页手机端文件。

(4) 另存：将自由网页手机端另存为新的文件。

(5) 变量：自定义变量内容。

1) 新建页面

在新建移动端页面时，单击右上侧的手机图标，即可切换为移动端页面，如图 3-40 所示。

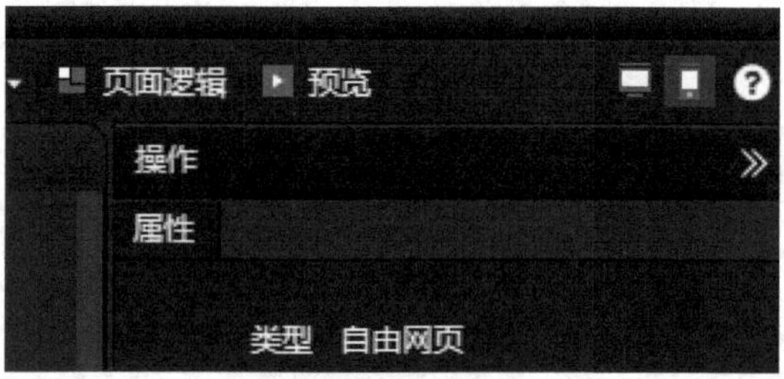

图 3-40 新建文件切换为手机端页面

随后会弹出提示，如图 3-41 所示。选择“是”，会把所创建页面设置成主页面。选择“否”，会要求从目录树中选择一个手机页面作为首页。

图 3-41 是否设置为首页

2) 新建模板

单击图 3-42 下方红框图标，可新建模板，之后再单击工具栏上方“保存”按钮，可保存模板。

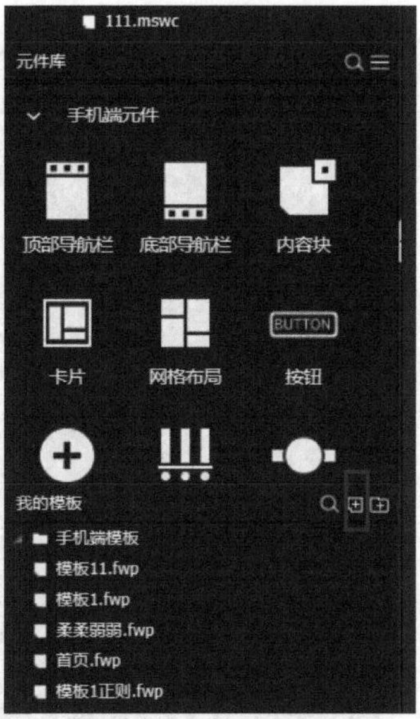

图 3-42　新建模板

3) 保存

新建自由网页手机文件，在组件区中选中任意一个组件拖到工作区，一个组件便被添加到工作区中，如图 3-43 所示。

图 3-43　手机页面添加组件

单击工具条上的“保存”按钮，弹出路径及名称对话框，选择文件保存路径，在名称文本框中输入文件保存的名称，页面保存。保存手机页面如图 3-44 所示。

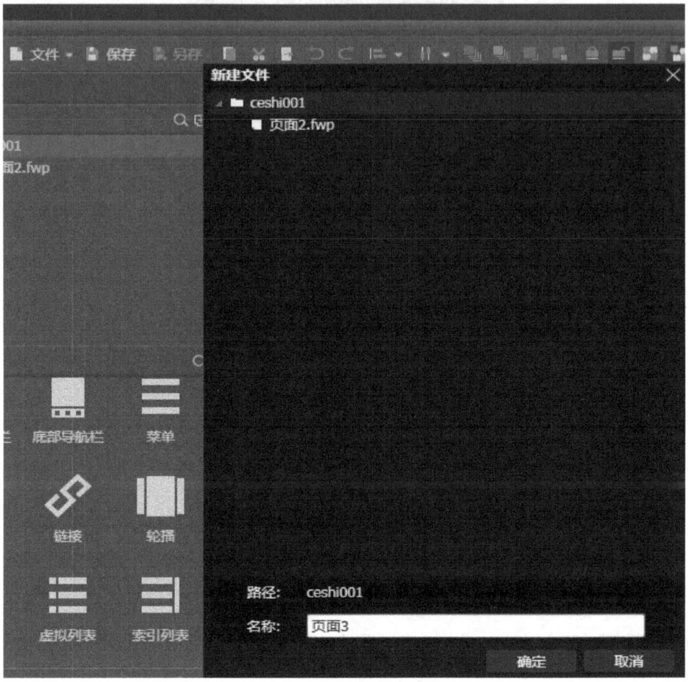

图 3-44　保存手机页面

文件保存成功，返回系统登录主界面可以查看保存的文件，也可在资源树区查看，如图 3-45 所示。

图 3-45　保存手机页面成功

2. 组件区

组件区(元件库)展示所有可添加的组件列表，由基本原件、布局原件等组件组成，其中包括“顶部导航栏”“底部导航栏”“内容块”“卡片”“网格布局”等常用元件，如图 3-46 所示。

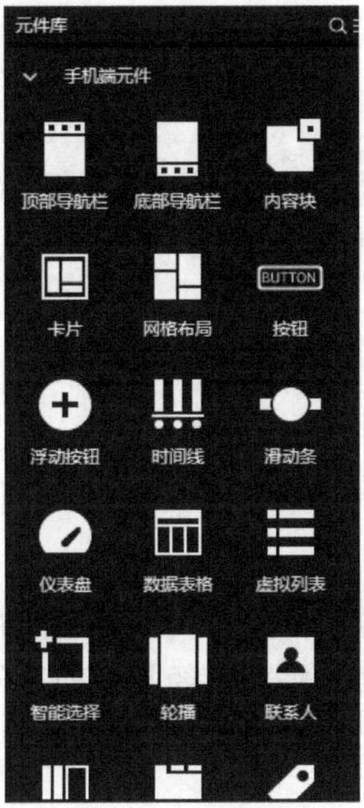

图 3-46　组件区

对组件的基本操作如下。

(1) 添加组件：拖拽所需的组件到工作区，该组件就会出现在工作区内。

(2) 编辑组件的属性：在工作区选中需要编辑的组件，在属性区内对其属性进行编辑等操作。

(3) 调整组件的位置：在工作区内可以通过拖拽的方式调整组件的位置。

(4) 删除组件：选中组件并右击，出现“删除”菜单，单击“删除”命令，则删除该组件。

3. 工作区

在工作区可以做的操作如下。

(1) 拖动组件：对添加的组件进行合理布局，拖动每个组件到合适的位置。

(2) 选中组件：可以选中某个组件，在右侧属性区设置其属性。

(3) 删除组件：选中要删除的组件，右击删除即可。

(4) 改变手机工作区的大小：改变所适应的手机型号来改变工作区大小和百分

比。手机端工作区型号、百分比调整如图 3-47 所示。

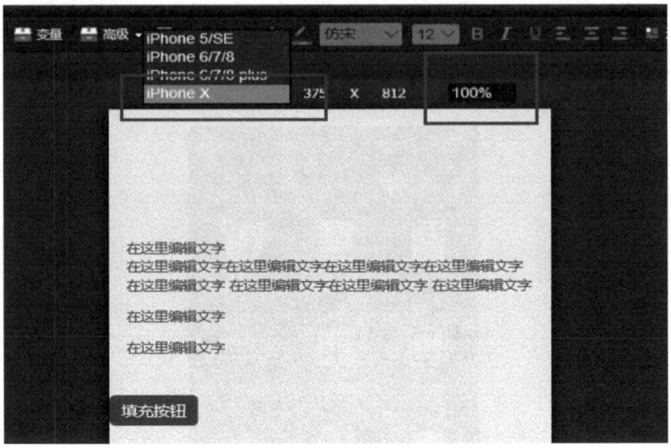

图 3-47　手机端工作区型号、百分比调整

3.3.4　图形化逻辑建模

图形化逻辑建模工具是应用开发工具中另一具有特色的产品模块，它为用户提供了一个可视化的编辑页面。将用户经常用的事件、动作、逻辑等以可视化的方式展现出来。

1. 主界面

图形化逻辑建模主界面如图 3-48 所示。

图 3-48　图形化逻辑建模主界面

2. 组件区

组件区共有事件、逻辑、循环、动作、变量、数学、文本、列表 8 个模块，操作方法如下。

(1) 单击某个模块，该模块的所有组件展开。

(2) 再次单击该已经展开的模块，该模块内的组件页面收起。

(3) 可根据图案提醒，依照拼图的方式将各个组件进行组合实现要展现的逻辑。图案列表如图 3-49 所示。

图 3-49　图案列表

1) 事件组件

事件组件示意图如图 3-50 所示。

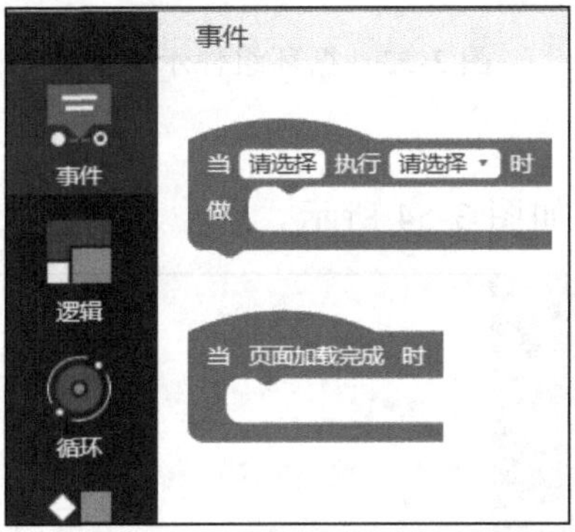

图 3-50　事件组件示意图

2) 逻辑组件

逻辑组件示意图如图 3-51 和图 3-52 所示。

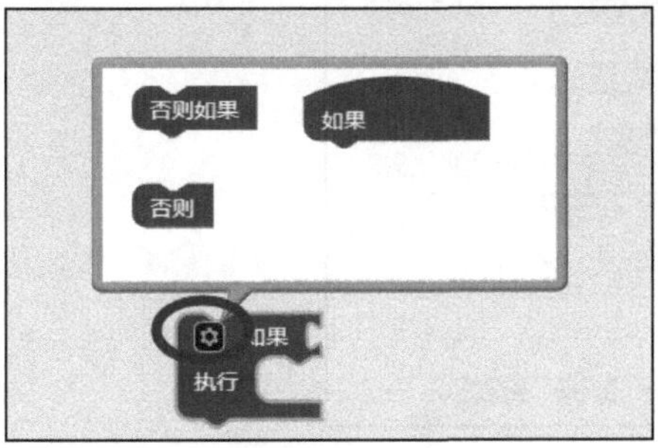

图 3-51　如果-执行组件

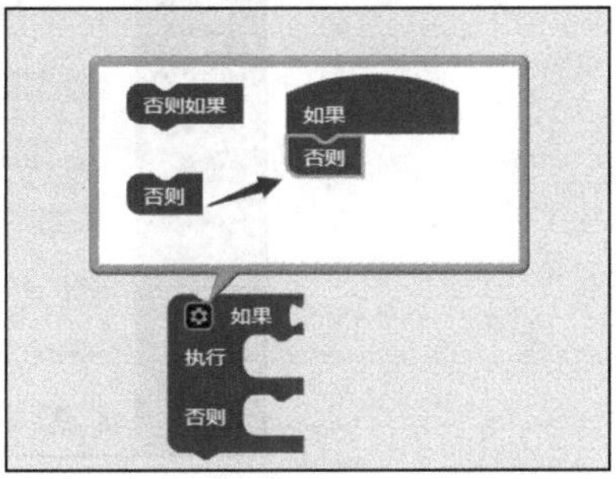

图 3-52　如果-否则组合样例

3) 循环组件

循环组件示意图如图 3-53 所示。

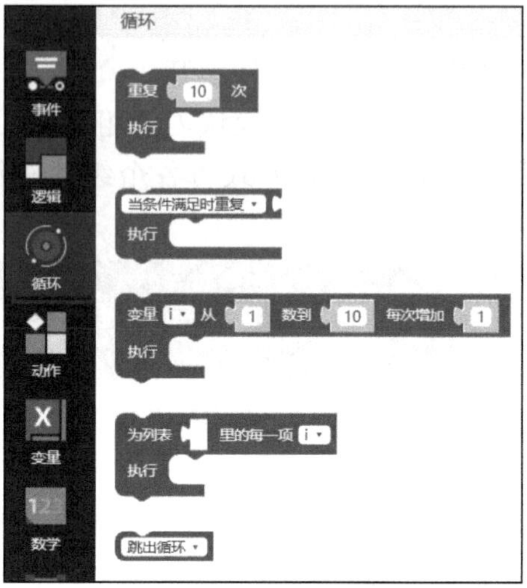

图 3-53　循环组件示意图

4) 动作事件组件

动作事件组件示意图如图 3-54 所示。

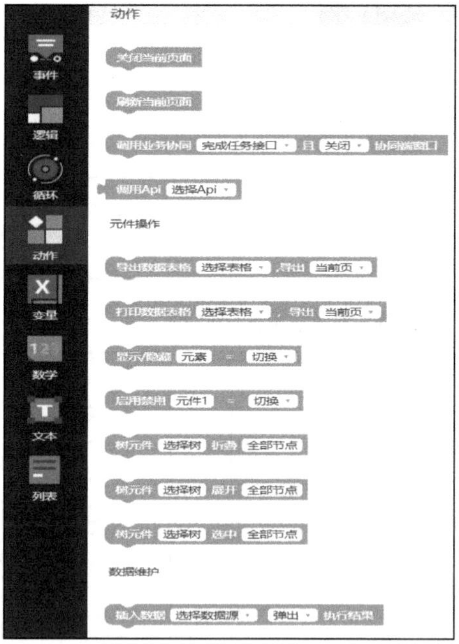

图 3-54　动作事件组件示意图

5) 变量组件

变量组件示意图如图 3-55 所示。

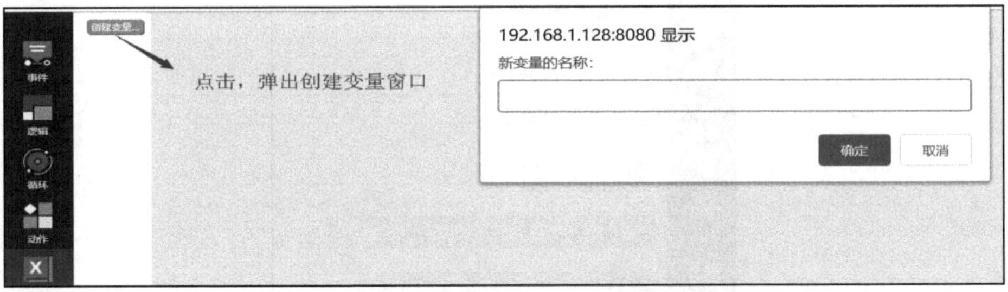

图 3-55　变量组件示意图

6) 数学组件

数学组件示意图如图 3-56 所示。

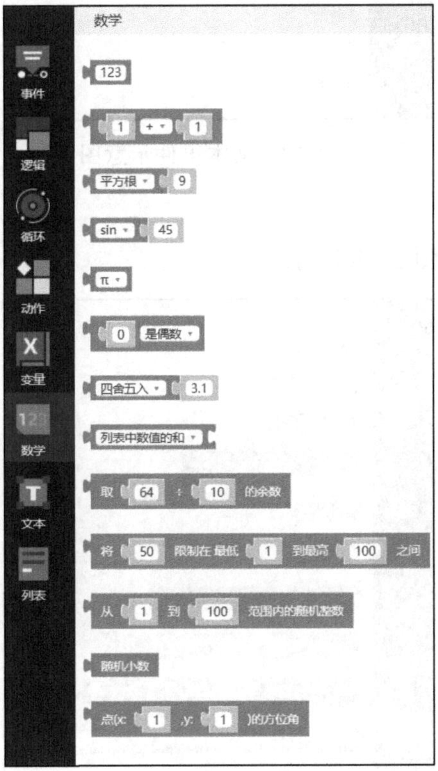

图 3-56　数学组件示意图

7) 文本组件

文本组件示意图如图 3-57 所示。

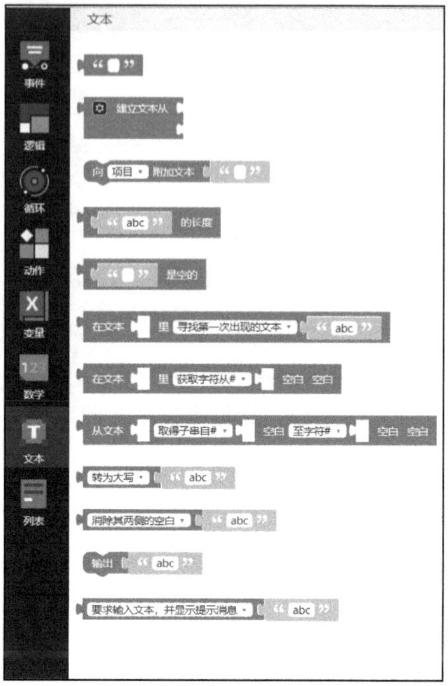

图 3-57　文本组件示意图

8) 列表组件

列表组件示意图如图 3-58 所示。

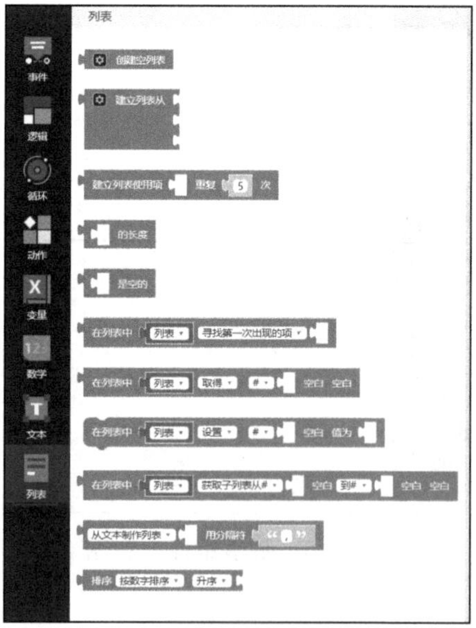

图 3-58　列表组件示意图

3. 工作区

用户可拖拽左侧导航栏里面的组件进行页面逻辑组合。

1) 工具区

单击小键盘，可以显示相应的快捷键。

(1) 操作块：右击拖入的组件可看到相应快捷键。

(2) 拖动块：鼠标左键可拖动组件。

(3) 上下滑动：通过鼠标滚轮上下滑动。

(4) 左右滑动：按住 Shift+鼠标滚轮上下滑动。

(5) 放大缩小：按住 Ctrl+鼠标滚轮。

(6) 复制块：按 Ctrl+C 键。

(7) 粘贴块：按 Ctrl+V 键。

(8) 删除块：按 Delete 或者 Backspace 键。

(9) 后退：按 Ctrl+Z 键。

(10) 前进：按 Ctrl+Shift+Z 键。

2) 代码显示区

单击相应的组合(最外层)，右边就会显示相应的 JavaScript 代码，如图 3-59 所示。

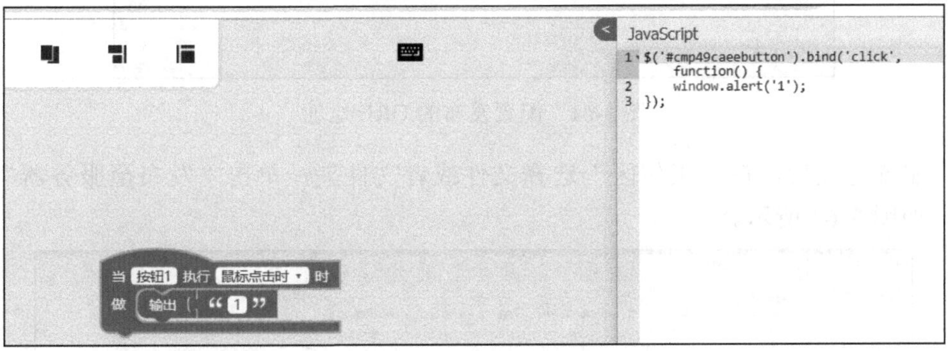

图 3-59　JavaScript 代码显示

3.3.5 应用发布

1. 发布至服务器

进入管理员页面，先在管理页面设置发布地址，如图 3-60 所示。

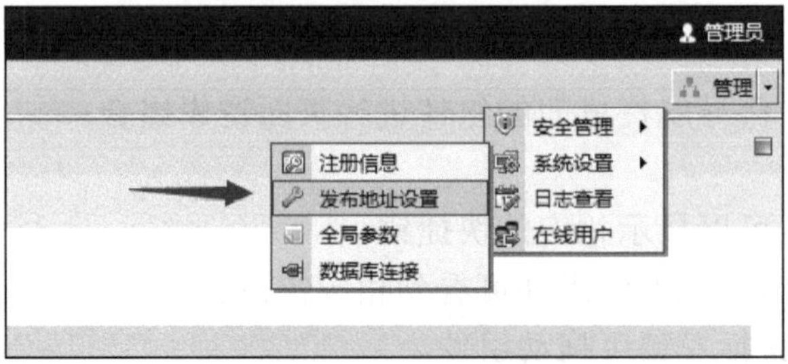

图 3-60　配置发布地址

配置自己识别的名称，URL 需要配置要发布的 URL 地址，例如，http://192.168.0.162:5910/rsm。注意：必须是这个格式，账号密码可配置，也可以不填，如果不填会在发布页面上输入，页面如图 3-61 所示。

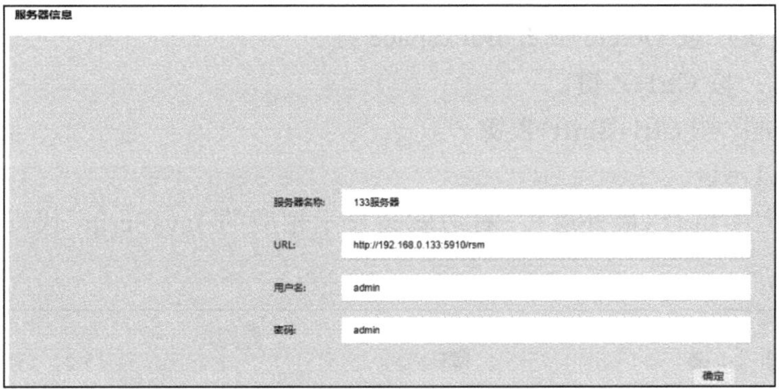

图 3-61　配置发布的 URL 地址

配置完成后，在“工作区”选择文件或者文件夹，单击“发布至服务器”按钮，如图 3-62 所示。

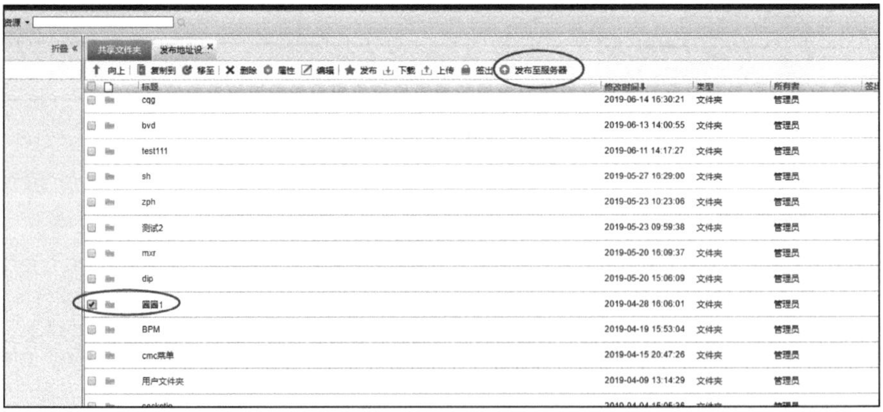

图 3-62　发布至服务器

页面上会出现已设置的服务器列表，选择一个单击“确定”按钮，如账号密码已经设置则不需要填写，如图 3-63 所示。

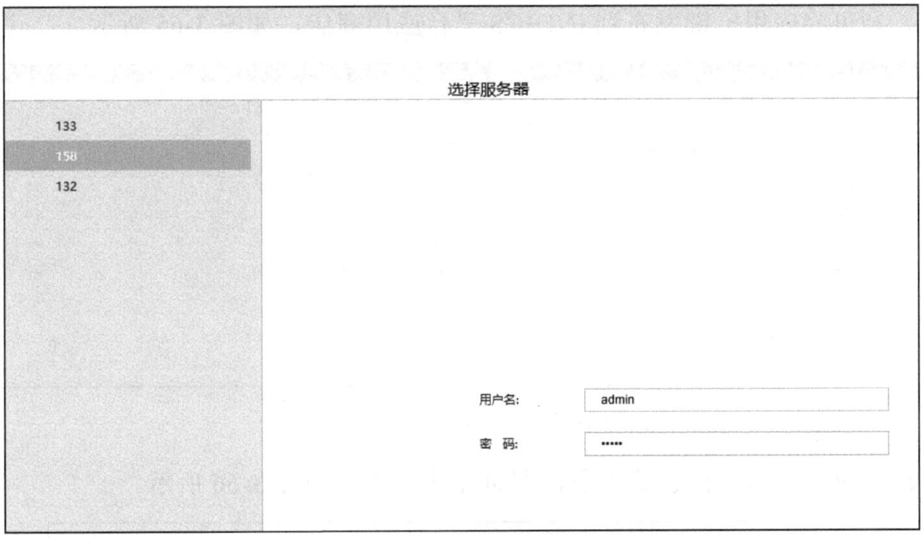

图 3-63　选择服务器

单击“确定”按钮后，会出现发布服务器的资源列表，选择需要发布的位置，单击“确定”按钮可以把所选文件发布至对应服务器目录下，如图 3-64 所示。

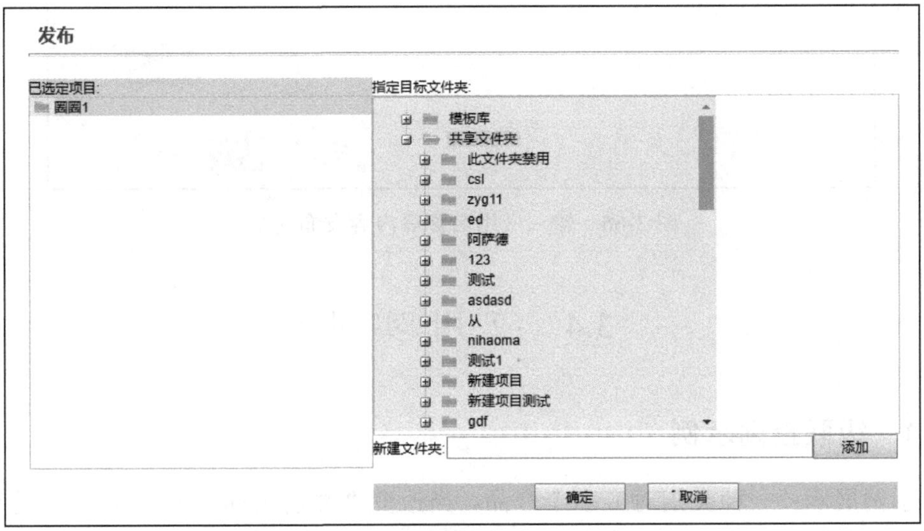

图 3-64　发布至对应服务器

2. 一键发布至应用商店

选择文件夹，找到项目的首页，单击后面的“发布”按钮，输入应用名称和标题，即可将应用一键发布到 INDICS 平台应用商店，如图 3-65 所示。

图 3-65　一键发布至应用商店

输入应用名称、标题等内容，即可完成发布，如图 3-66 所示。

图 3-66　输入应用名称等内容发布完成

3.4　应用实训

3.4.1　级联查询示例

示例展示：一种类别对应多个产品，当改变“类别名称”时，“产品名称”跟着改变；选择某产品名称，单击“查询”按钮，数据表格中的数据发生改变，显示选中产品的详细信息。级联查询如图 3-67 所示，创建方法如下。

图 3-67　级联查询

1. *添加数据表*

新建一个自由网页，添加下拉列表、数据表格等组件。

2. *属性样式设置*

下拉框设置样式：将标签名称分别改为类别、产品；根据实际需要调整标签宽度，如图 3-68 所示。

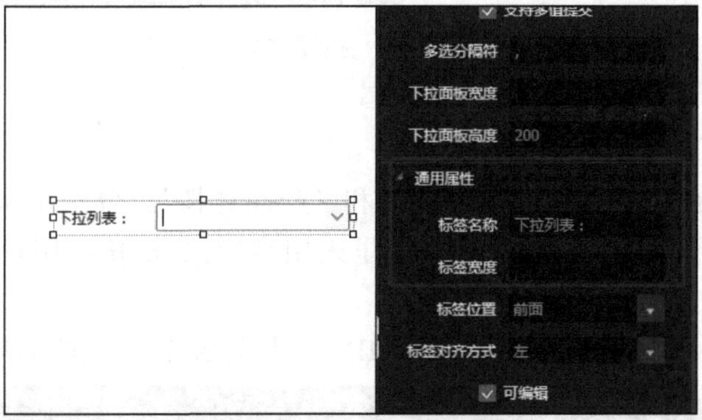

图 3-68　标签名称、宽度

为了方便找到元素，可以给元素重命名，如图 3-69 所示。

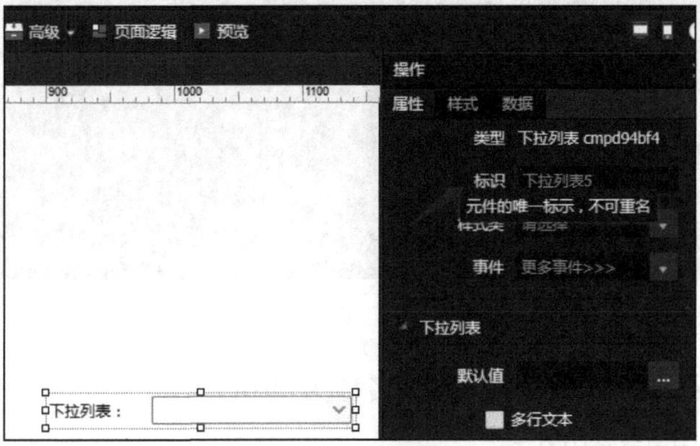

图 3-69　重命名

这里先设置按钮上显示文字为“查询”，如图 3-70 所示。

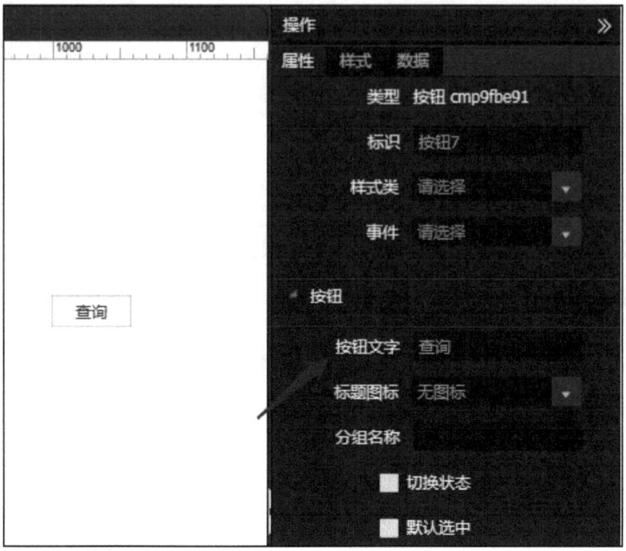

图 3-70　按钮文本

3. 数据源及参数

添加三个数据源“类别”、“产品”和“产品详情”，分别用来绑定“类别”下拉框、“产品”下拉框和数据表格，这里采用自定义 SQL，用户也可直接从表中查询数据。

(1)类别：从数据库中查询出类别 ID 和类别名称，如图 3-71 所示。

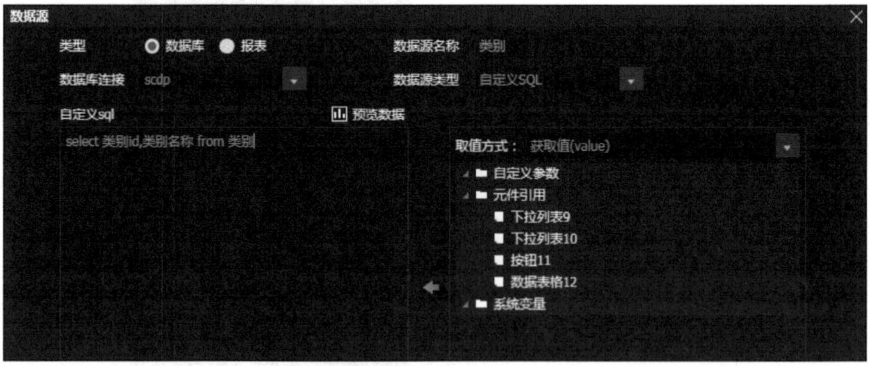

图 3-71　类别数据源

查询语句：select 类别 ID，类别名称为 from 。

数据预览如图 3-72 所示。

图 3-72　数据预览

(2)产品：从数据库中查询出产品情况，因为只需要查询出一种类别的产品，实现级联效果，所以设置条件为“类别 id='{类别下拉框.value}'”。然后查询产品的相关数据，进行条件设置，加入条件“where 类别 id=”，然后鼠标双击参数框内的自定义参数下的“类别 id”即可将参数{类别 id}引用到数据源中，如图 3-73 所示。

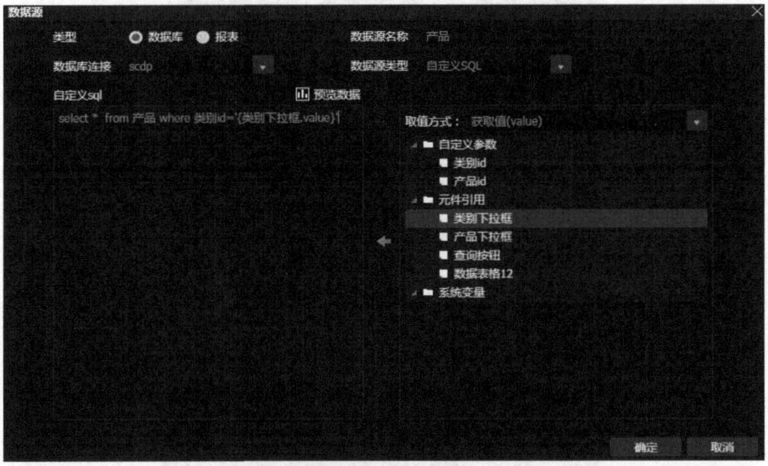

图 3-73　元件引用

(3)数据表格：从数据库中查询出某产品详细情况，因为只需要查询出所选中产品的情况，所以设置条件为“产品 id='{产品下拉框.value}'”。

设定数据源，同上。

4. 绑定数据源

三个数据源已设定成功，接下来就是进行数据源与元素之间的绑定，如图 3-74 所示。

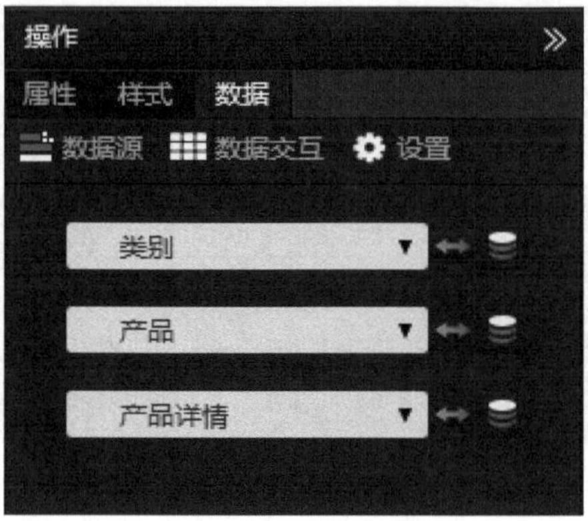

图 3-74　数据源

(1)单击“类别”数据源，在下拉列表中选择“类别下拉框”元素进行绑定，如图 3-75 所示。

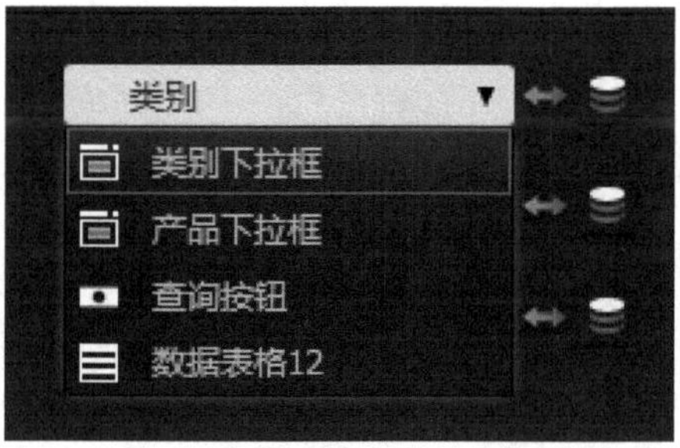

图 3-75　类别下拉框

(2)绑定元素之后的效果如图 3-76 所示。

图 3-76　绑定元素

(3)单击“类别”下拉框，可以进行数据列的绑定，如图 3-77 所示。

(5) 单击“绑定列”按钮，会弹出绑定列<类别下拉框>窗口，在编辑窗口中进行列绑定。

绑定列：下拉框实际绑定的字段，即下拉框实际值。

显示列：下拉框显示给用户的字段。

成组列：根据实际需要，一些下拉框需要成组显示，例如，需要类别和产品同时显示在一个下拉框内，可用到成组列。

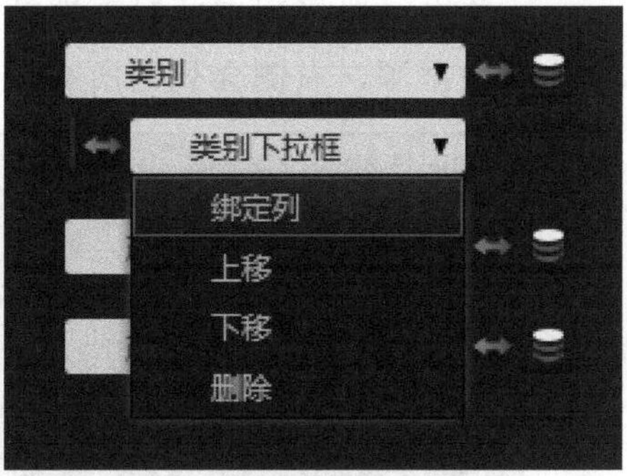

图 3-77 绑定列

这里只用到了绑定列和显示列，绑定列为类别 ID，显示列为类别名称，如图 3-78 所示。

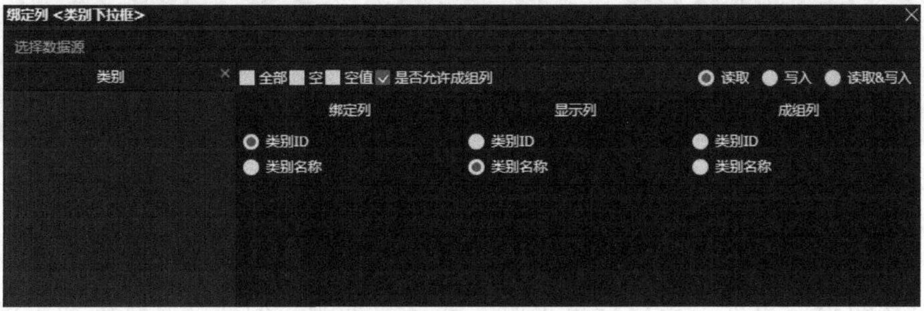

图 3-78 绑定列弹出框

用同样的方法可以对其他组件进行绑定。

5. 设定事件

实现级联效果和查询效果的关键在于事件的设定。

1) 针对级联效果设定事件

选中“类别”下拉框，在“属性→事件”选择相应的事件，这里选择当字段值改变时，目的是当“类别”下拉框选项改变时，“产品”下拉框的内容随之改变，如图 3-79 所示。

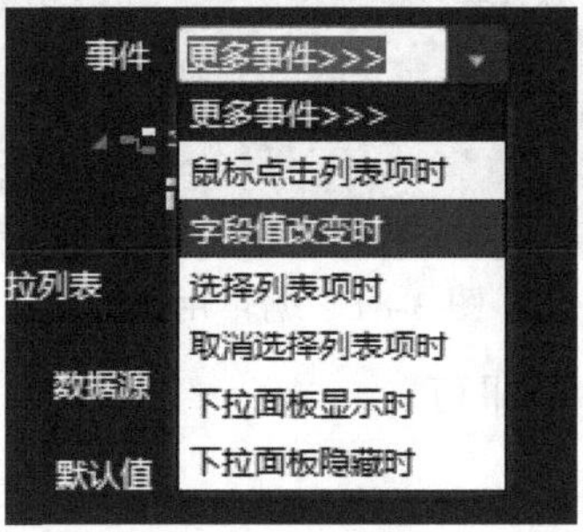

图 3-79 事件

单击“选择列表项时”选项，在弹出的用例编辑窗口进行设定，左侧动作栏选择数据源，右侧会列出所有数据源以及绑定元件，如图 3-80 所示。

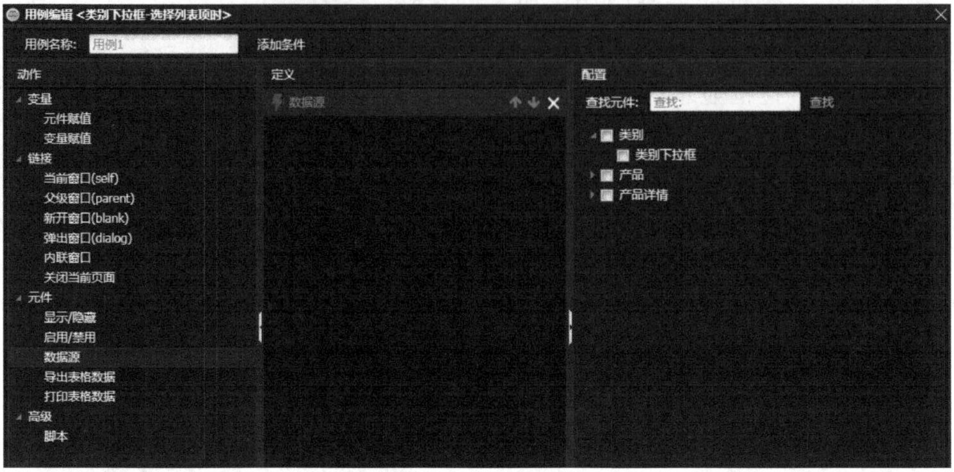

图 3-80　编辑用例 1

勾选类别数据源，即发生该事件时，刷新产品数据源。

2)针对查询效果

对按钮设定事件，当鼠标单击时，选择数据源，勾选产品详情数据源，如图 3-81 所示。

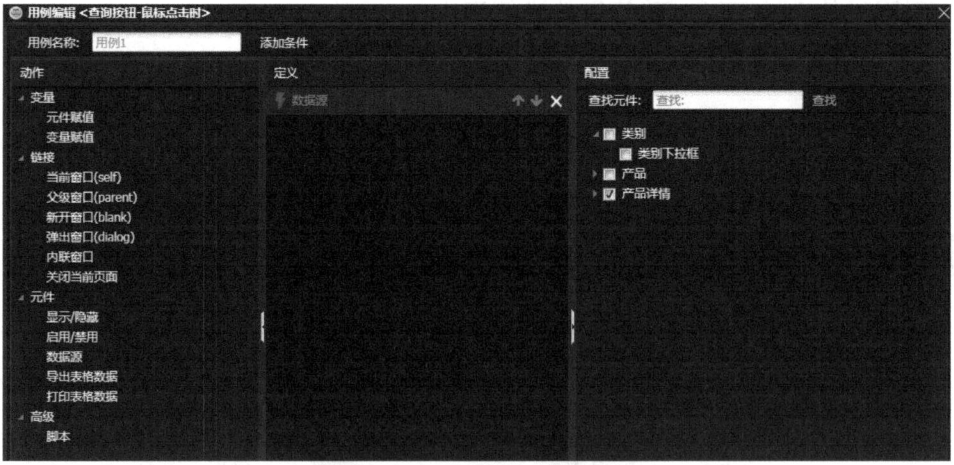

图 3-81　编辑用例 2

单击“确定”按钮，保存即可。

6. 保存、预览

完成所有设置，保存文件，预览效果，如图 3-82 所示。

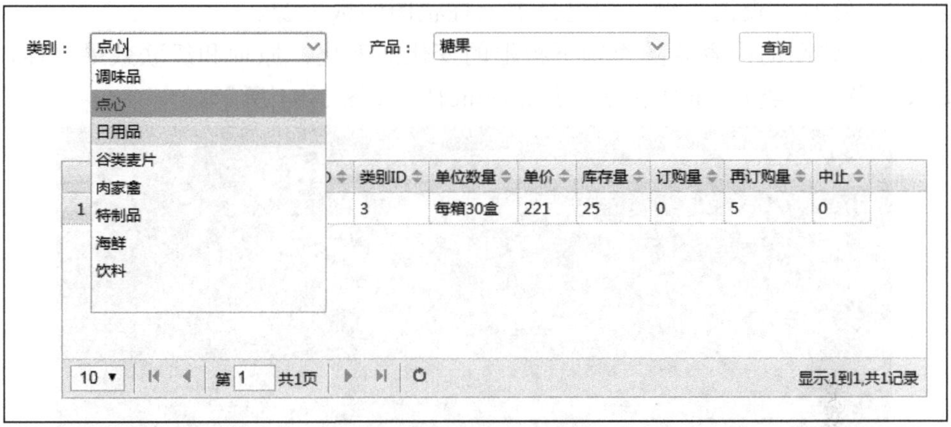

图 3-82　级联效果

当类别选择日用品时，产品列表会发生变化，选中某一个产品，单击“查询”按钮，表格数据会展示所选中产品的情况，如图 3-83 所示。

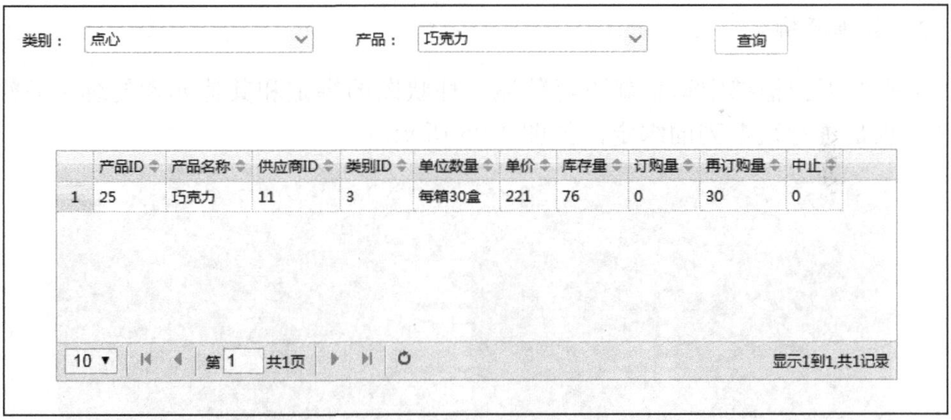

图 3-83　查询效果

3.4.2　Echarts 图表简单示例

拖拽一个下拉框、一个柱形图到页面，实现当下拉框改变选项时，柱形图展示数据随之改变。

1. 设置数据源

设置两个数据源：类别和柱状图分别绑定下拉框和柱状图，类别的数据源可参考 3.4.1 级联、查询示例，这里只展示柱状图的数据源。

因为柱状图的内容要随类别下拉框的变化而变化，原理和级联效果一样，也需要设定条件：类别 id='{下拉列表 2.value}'，如图 3-84 所示。

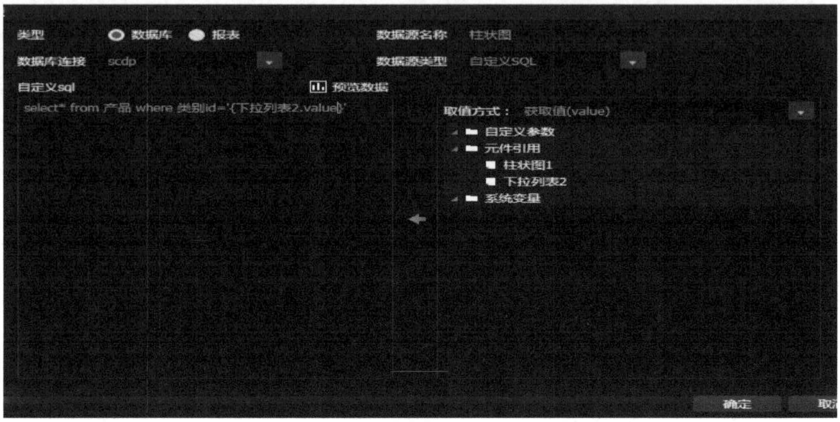

图 3-84　柱状图数据源操作界面

2. 数据源绑定

类别的下拉框绑定这里就不再赘述，柱状图的绑定和其他元素的绑定并没有区别，也是进行数据列的绑定，如图 3-85 所示。

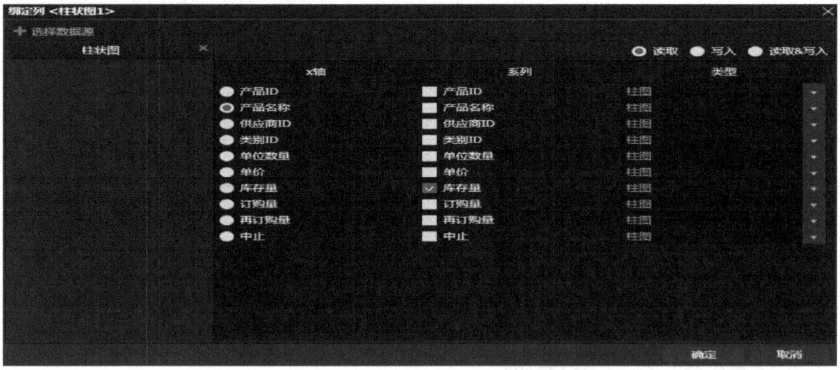

图 3-85　绑定列(柱状图)操作界面

3. 设定事件

为下拉框设定事件，当字段值发生改变时，刷新“数据源→柱状图”，如图 3-86 所示。

图 3-86　事件编辑示意图

预览效果：当类别发生变化时，下面的柱状图 3-87 展示的是所选类别下的产品库存情况。

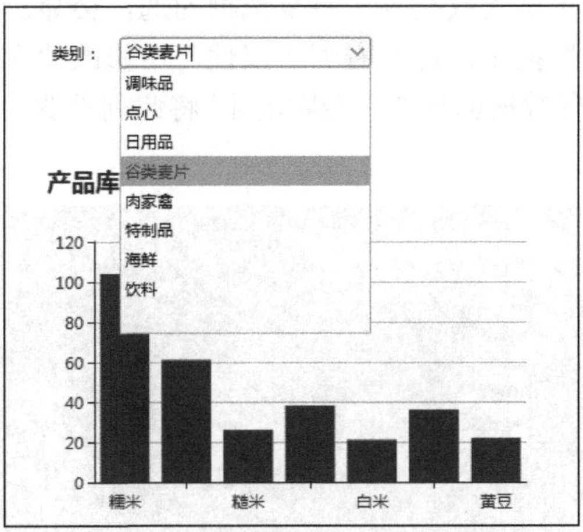

图 3-87　柱状图展示产品库存情况

3.4.3　数据维护

(1) 新建页面，将元件数据表格、按钮、文本框放入页面。

(2) 新建数据源，选择数据库、数据列表，添加启用列，对数据库进行主键设置，如图 3-88 所示。

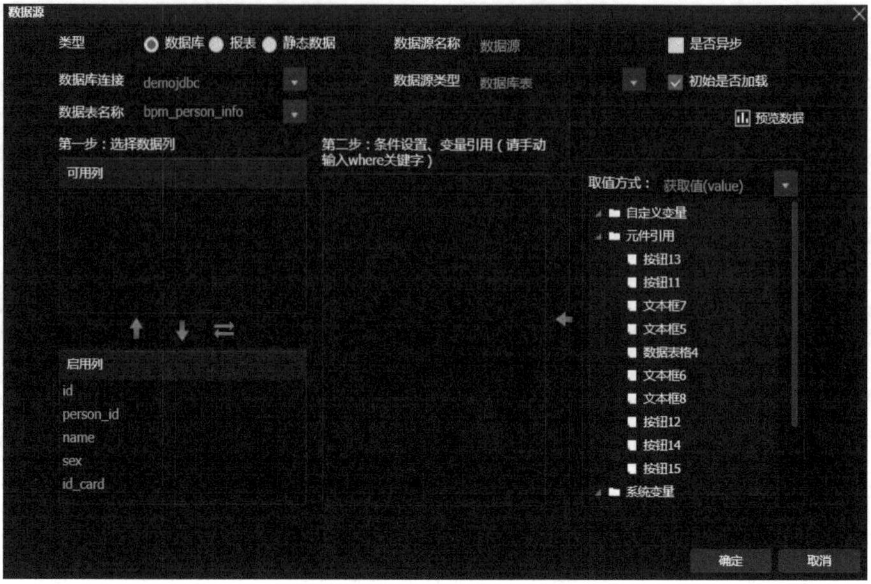

图 3-88　数据库设置

(3)数据表格绑定数据源，并进行列的绑定，因为涉及对表格的删改操作，设置写入和读取两种；表格读取设置可将复选框勾选，会显示在表格最前方；根据表格列，单击“元件”按钮，可在右侧“属性”中修改此元件的名称以及唯一标识符；对添加的列进行数据源绑定，“绑定列”将此列设置为写入修改，如图 3-89 和图 3-90 所示。

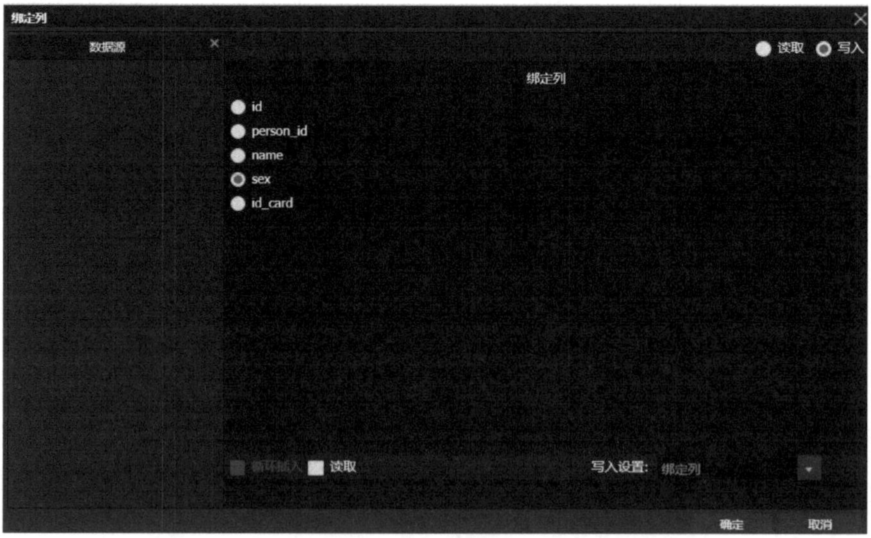

图 3-89　绑定列 1

图 3-90　绑定列 2

(4) 数据表格中进行每一列的单独设置，将此列“控件类型”设置为文本框，可对表格数据直接进行修改操作；并可在“控件设置”下进行设置，如图 3-91 所示。

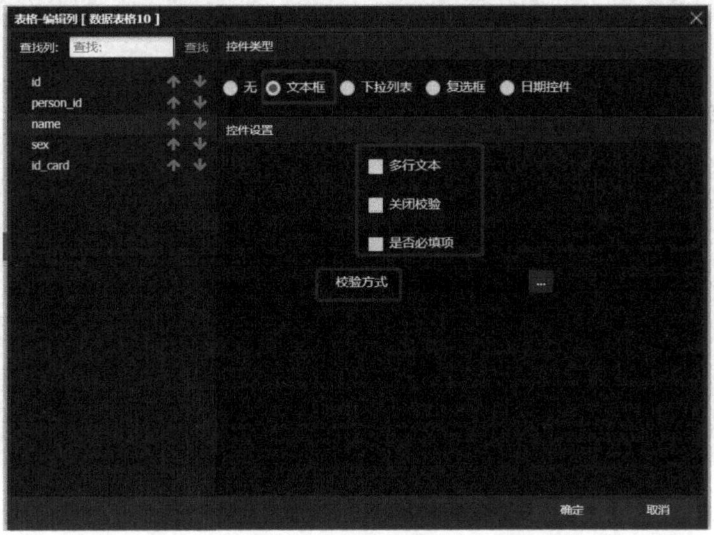

图 3-91　编辑列“控件类型”设置为文本框

(5) 单击页面右上角的“预览”按钮，可查看效果。

(6) 如果 sex 部分想设置下拉效果，可进行如下设置(如不需要可忽略此条)。

①新建数据源，设置为静态数据。

②数据表格 sex 列设置为下拉列表，进行数据源绑定，并进行列的绑定，如图 3-91 和图 3-92 所示。

图 3-92　设置下拉效果 1

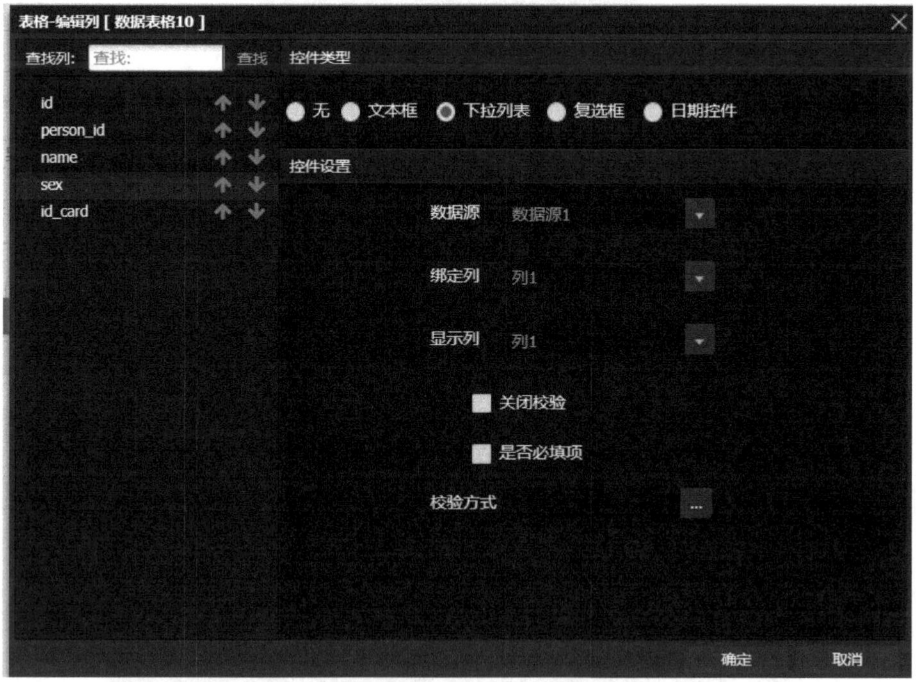

图 3-92　设置下拉效果 2

(7) 对元件进行单击事件设置。

①单击元件插入数据，依次单击右上角“属性→事件→表单维护→插入数据”选项，选择“数据源”复选框，如图 3-93 所示。

图 3-93 设置单击事件

②实现表格的添加行/删除行/撤销操作/保存：单击元件添加行，依次单击“属性→事件→鼠标单击时→表格维护→添加行/删除行/撤销操作/保存数据”按钮，选择“数据源”，如图3-94所示。

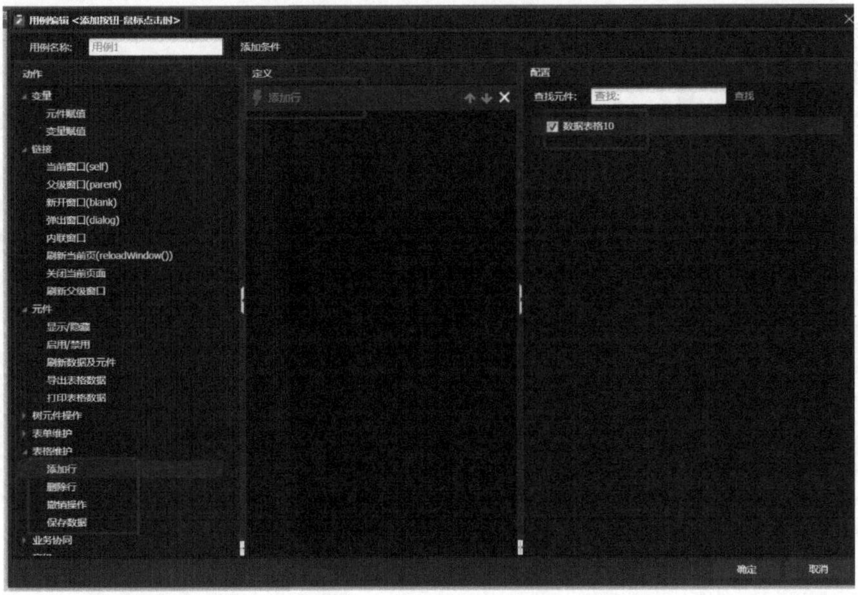

图 3-94 实现表格的添加行

(8) 页面逻辑在表格中的使用。前面 1～6 步同上面所述，元件的单击事件设计在页面逻辑中实现。

对元件进行单击事件设置。

①单击页面右上角“页面逻辑”按钮。

②单击“事件→选择”按钮，单击“动作→选择”按钮，实现效果如图 3-95 所示。

图 3-95　事件设置

假如要实现单击页面的“插入”按钮，文本框的数据插入到表格中，则操作如下(添加/删除行或撤销操作或保存数据步骤同理，动作选择不同，依次选择添加/删除表格行、撤销表格操作、保存表格操作)：

依次单击“第一个请选择→插入按钮→鼠标点击时→确定”按钮，如图 3-96 所示。

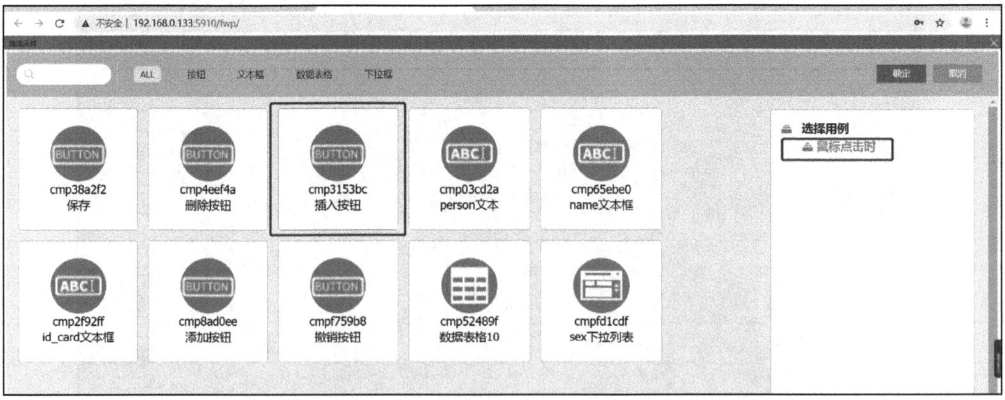

图 3-96　数据插入表格效果

再单击"数据源→确定"按钮，如图 3-97 所示。

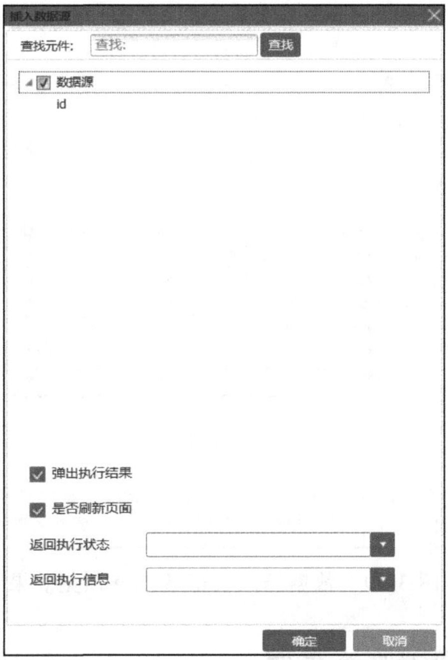

图 3-97　数据插入表格效果→选择数据源

预览即实现数据插入表格效果，如图 3-98 和图 3-99 所示。

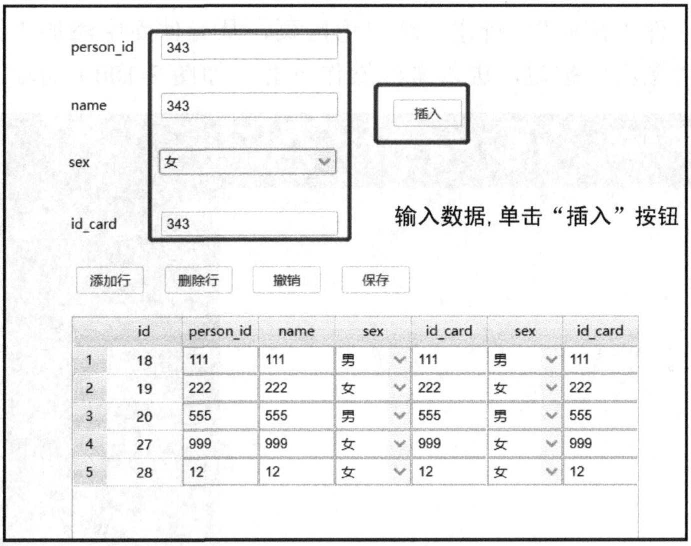

图 3-98　数据插入表格效果→输入数据

图 3-99　数据插入表格效果→预览效果

3.4.4　单击按钮关闭浏览器页面

示例展示：使用逻辑建模操作单击元件按钮，做出关闭当前浏览页面。

创建过程：

(1) 添加元件“按钮”，新建一个自由网页，从元件库中添加“按钮”。

(2) 单击“微流”按钮，进入微流操作页面，如图 3-100 所示。

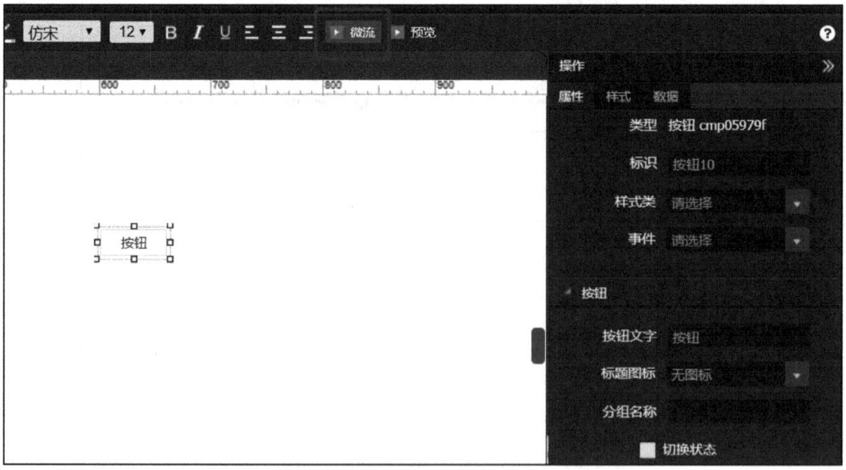

图 3-100　微流操作页面

(3) 选择事件，拉出“当‘请选择’执行‘请选择’时，做……”信息条，如图 3-101 所示。

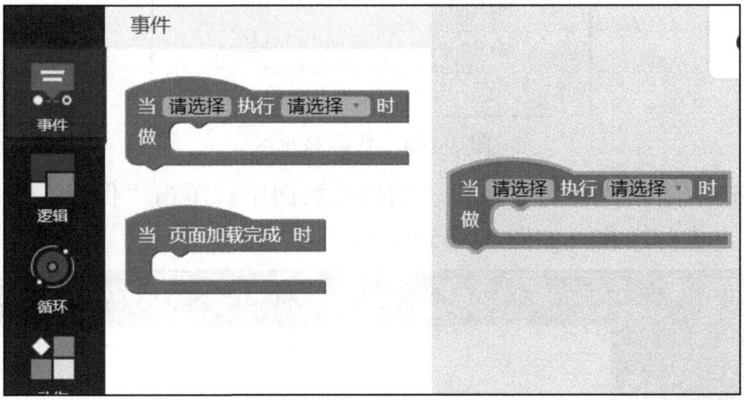

图 3-101　操作流程 1

单击第一个“请选择”按钮，选择按钮名称(图中选择的是“按钮 1”)，接着选择“鼠标点击时”事件，最后单击“确定”按钮，如图 3-102 所示。

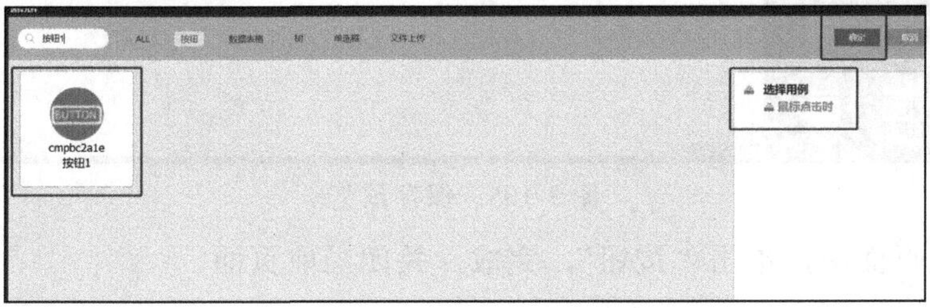

图 3-102　操作流程 2

单击“确定”按钮后将左侧“动作”中的“关闭当前页面”信息条拉进按钮操作栏中，如图 3-103 所示。

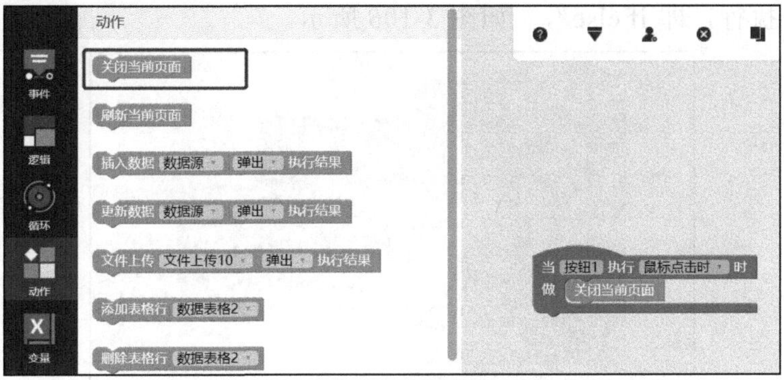

图 3-103　操作流程 3

同时 JavaScript 代码在实时更新，如图 3-104 所示。

JavaScript

```
1  $('#cmp4afa1cradio').radio
       ({onChange:function(){
       window.close(); }});
```

图 3-104　代码显示区

然后单击右下角“确定”按钮，到自由页面中。单击“保存”按钮，接着进入预览模式，进行操作，如图 3-105 所示。

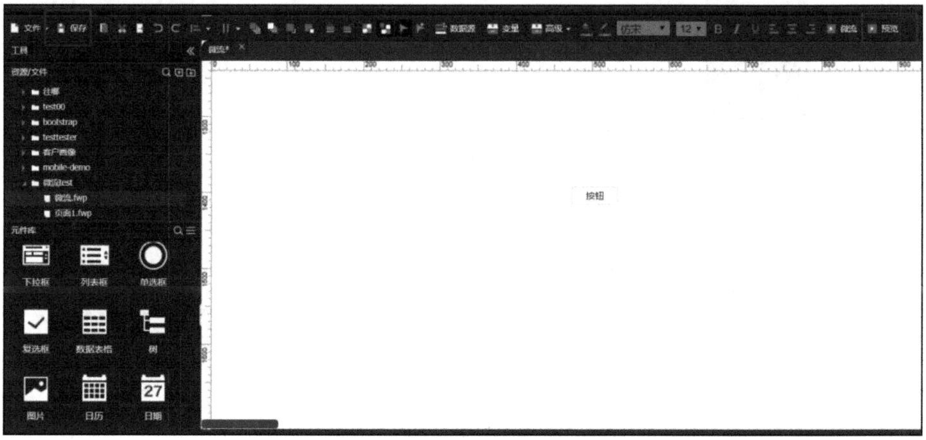

图 3-105　保存预览

在预览页面中，单击“按钮”，完成，关闭当前页面。

3.4.5　多组件混合使用

此次操作用到了五个类型的组件，分别是事件、逻辑、动作、数学、文本。展现出各个类型的组件之间的联系，主要是了解逻辑下的“如果……执行……否则如果……执行，即 if else”， 如图 3-106 所示。

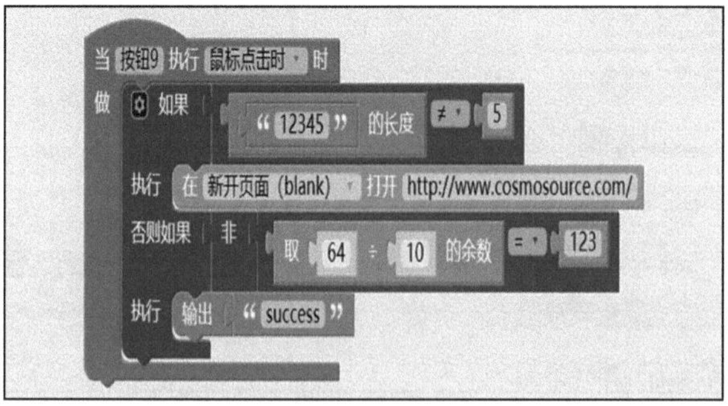

图 3-106　页面逻辑

分析：图 3-106 表示当选择“鼠标点击时”，如果字符串“12345”的长度不等于 5 就会执行动作中的事件。如果第一个条件不符合它们的定义，则会执行“否则如果”。在“否则如果”中给出 64÷10 的余数等于 123(条件不成立)返回的是 false，但前面加上“非”组件，即自身拥有一个 false，所以在预览时单击“按钮”会弹出“success”，如图 3-107 所示，具体步骤如下。

JavaScript

```
$('#cmp9684c9button').bind
    ('click',function(){ if
    ('12345'.length != 5) {
    ifType({"type":"tag","path"
    :{"fileName":"","groupMod"
    :{"param0":{"name":""}}
    ,"jumpPath":"","radio":true
    ,"serverPath":"http://www
    .cosmosource.com/","urlId"
    :"","urlName":""}}, viewData
    ,
'')} else if (!(64 % 10 == 123))
    { window.alert('success'); }
    });
```

图 3-107　JavaScript 展示

第一步：添加元件“按钮”。

新建一个自由网页，从元件库中添加“按钮”。

第二步：单击“微流”按钮，进入微流操作页面。

进入微流操作页面分别取出相对应组件。设置完成每一个参数时保存并回到自由页面操作区，单击“预览”按钮，完成操作。

动作中组件的描述如下。

：放在事件中可以进行关闭当前页面的操作。

：放在事件中可以进行刷新当前页面的操作。

：在数据表格或其他元件中绑定数据源，执行可弹出数据源是否正常的判断。

：可弹出数据源更新的数据。

：点文件上传元件，会弹出文件上传的执行结果。

添加表格行 数据表格2 ▾ ：结合事件使用，单击可增加单元表格行。

删除表格行 数据表格2 ▾ ：结合事件使用，可删除表格行。

撤销表格操作 数据表格2 ▾ ：可撤销对表格之前的操作，如删除后可恢复。

保存表格操作 数据表格2 ▾ 弹出 ▾ 执行结果 ：保存表格内容，弹出表格保存是否成功。

删除数据 数据源 ▾ 弹出 ▾ 执行结果 ：可执行删除已建数据源，并弹出执行结果是否成功。

导出数据表格 数据表格2 ▾ ,导出 当前页 ▾ ：结合事件使用，单击可导出当前表格页，会弹出导出页面。

打印数据表格 数据表格2 ▾ ，导出 当前页 ▾ ：结合事件使用，单击可以打印当前数据表格。

在模式对话框，打开 设置页面 ：单击会弹出模式对话框，并在框中填写路径等。

在非模式对话框，打开 设置页面 ：在非模式对话框中打开页面，进行设置。

面板： 请选择 ▾ 打开 设置页面 ：选择面板元件，结合事件使用，单击可在面板中展示自定义页面。

选项卡： 请选择 ▾ 请选择 ▾ 打开 页面 ：选择选项卡元件中的一个页面，可在此页面中设置自定义页面。

手风琴： 请选择 ▾ 请选择 ▾ 打开 页面 ：选择手风琴元件，结合事件使用时，单击可以将自定义页面加载到手风琴元件中。

布局： 请选择 ▾ 中 ▾ 打开 页面 ：选择布局元件，还可在布局元件中选择要展示的模块，将自定义页面放入其中。

显示/隐藏 元素 = 切换 ▾ ：结合事件使用时，单击按钮可以隐藏或显示指定的元素/元件。

启用禁用 元件1 = 切换 ▾ ：结合事件使用时，单击按钮可以禁用或启用指定的元件。

：结合事件使用，单击按钮可以在当前页面/新开页面/父级页面打开自定义页面。

3.4.6 页面逻辑调用 API 功能

在管理页面中找到 API 管理，进入 API 管理，如图 3-108 所示。

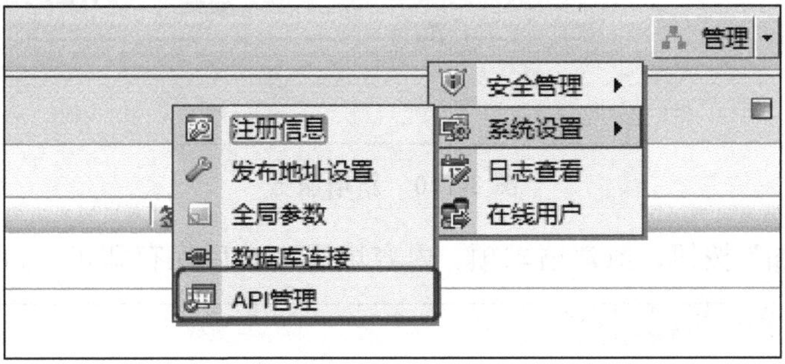

图 3-108 API 管理页面

新建服务：将内容填写完整，包括项目名、URL、项目描述，如图 3-109 所示。

图 3-109 新增 API

单击“新建的项目”按钮进入设置。进入项目时有四个功能分别是复制、粘贴、删除、修改，如图 3-110 所示。

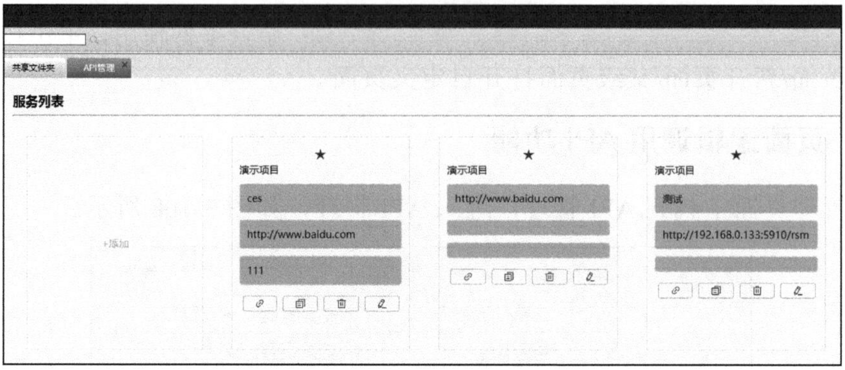

图 3-110　新增服务

单击“添加”按钮，新建请求项。内容填写完整后保存即可，如图 3-111 所示。

图 3-111　新建并保存

回到FWP页面在操作区拖入一个按钮，接着进入逻辑页面中使用“调用API”；在自定义脚本中编写成功提示，如图 3-112 和图 3-113 所示。

图 3-112　API 调用

图 3-113　编写脚本

在预览页面执行此操作，单击按钮，“清除缓存成功！”。

3.5　典型应用场景和应用案例

3.5.1　典型应用场景

应用开发工具适用于如下典型应用场景。

1. 设备监控大屏制作

通过数据库、API 调用等方式与企业数据快速连接，拖拽式页面搭建能帮助企业在最快一两天内即可完成大屏监控页面的开发。

2. 企业网站及页面搭建

通过自由页面等功能，帮助企业快速搭建网站或网页，操作简单，即便是非开发人员也能快速搭建出个性化的页面。并且页面形式既可以是 PC 端页面，又可以是移动端 H5 页面，是企业品牌宣传、营销推广的利器。

3. 企业系统个性化开发

针对企业的小型办公系统、设备状态上报、进销存等小型系统，应用开发工具也能够支持快速搭建，并支持企业随需求变化而灵活修改。

3.5.2　应用案例

北京华晟智造科技有限公司(以下简称华晟公司)是一家依托于北京航空航天大学，立足于中关村创业园的高科技企业，按照“人才定位+课程建设+实训室建设+师资建设”的新模式，为高等院校和中等职业学校、高等职业学校及技工技师职业院校的“工业机器人”专业教育提供一体化的教学解决方案。

华晟公司在对其客户商务沟通和汇报时需要展示设备连接和数据展示的能力，于是需要有工具能够快速搭建页面；同时也希望这套搭建工具的介绍和使用方法能够作为一项课程向目标客户——高等院校进行推介。

基于上述双重目的，华晟公司于 2019 年 10 月启动利用 INDICS 平台应用开发工具完成上述任务，即“华晟工业互联网云平台”大屏项目。先是确定需求并构思出页面大概样式，然后借助应用开发工具的组件拖拽式快速搭建、API 的灵活调用等功能，华晟公司仅用三天时间就完成了页面的搭建完成(图 3-114)，页面展示的数据部分来自通过设备采集的数据，部分来自基于设备数据再结合 INDICS 平台算法建模进行计算后的结果，包括设备运行效率、故障发生概率等。

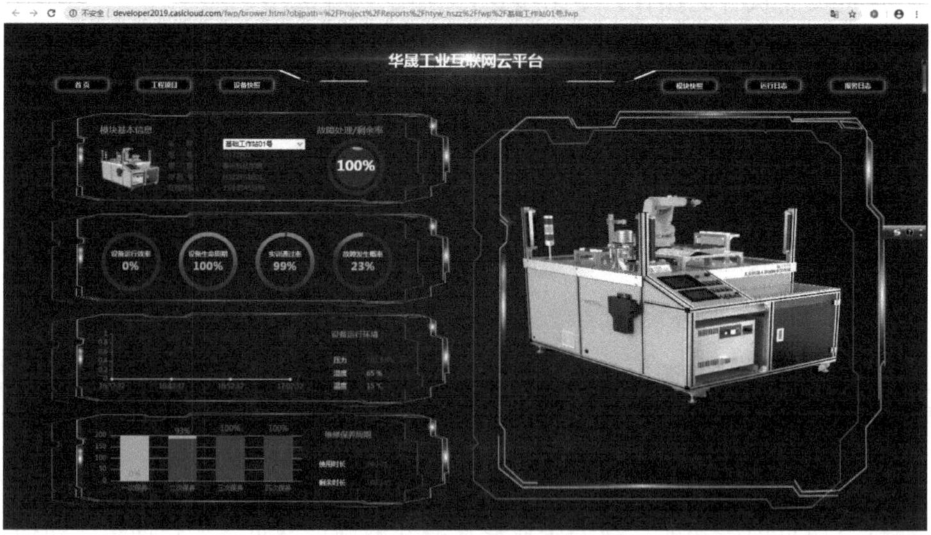

图 3-114　华晟工业互联网应用案例

页面初次完成后又按领导要求修改了部分需求，在开发工具的帮助下，重新调整布局也非常方便，快速满足了新的需求。经测算，通过开发工具去搭建这个页面，比画原型、设计页面、前端处理再写代码的传统方式要节省 70%左右的时间。

第 4 章　算法建模工具

算法建模是一款基于 INDICS 平台的通用型人工智能平台，以帮助企业级用户快速实现人工智能的落地为目的，提供了数据导入、数据挖掘、可视化分析、模型调用等全流程功能。算法建模打通了大数据平台和人工智能平台，业务分析师和数据分析师可以通过自动建模以及内置的行业模板轻松地构建对应的 AI 模型，从而提升业务价值。

算法建模技术架构如图 4-1 所示。

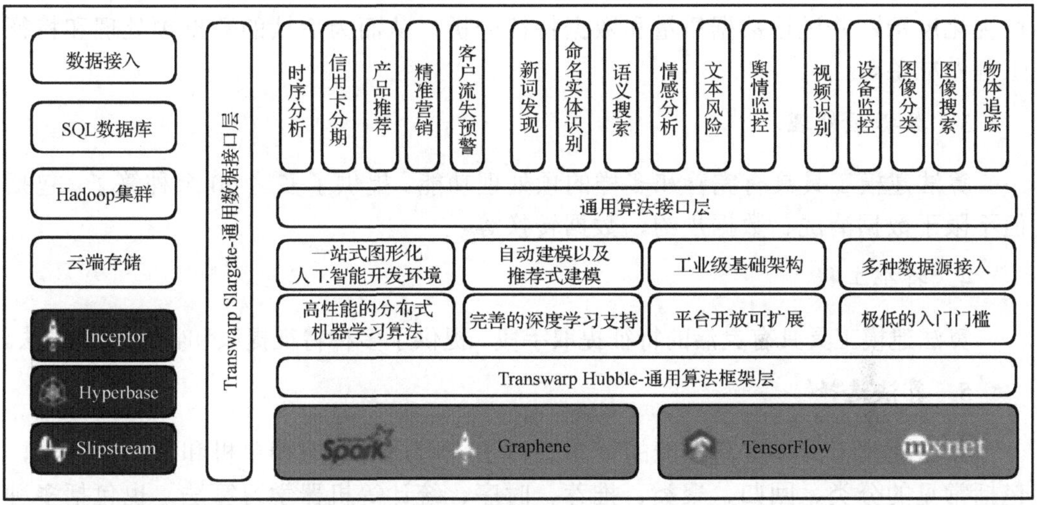

图 4-1　算法建模技术架构

算法建模产品主要由两大部分构成：可视化分析与挖掘分析，同时配备了轻量级的数据管理与模型管理功能。

(1) 可视化分析提供拖拽式的操作，让用户能够随时更改观察数据的维度、指标，将数据以丰富的图表方式，深度诠释“过去发生了什么，为什么会发生”。

(2) 挖掘分析让用户能够迅速地完成机器学习、深度学习、自然语言处理等算法模型构建，实现数据的关联分析、未来趋势预测等多种分析，精准预测“未来将发生什么”。

4.1 功能介绍

算法建模工具主要功能包括数据导入、数据预览与探索、数据预处理、特征工程、算法选择、模型训练、模型发布和模型管理等。

1. 数据导入

算法建模工具支持多种数据源。用户可以通过多种方式导入数据，支持 SQL 数据库、其他 Hadoop 集群、多种开源格式，以及支持目前流行的云存储格式。

2. 数据预览与探索

算法建模工具具有丰富的可视化展示和统计分析。用户可以对数据进行多种可视化展示，并进行数据质量和数据特征分析，从而为后续的数据预处理和特征工程做准备。

3. 数据预处理

算法建模工具具有完善和多样的预处理功能。提供了多达 50 余种算子，包括但不限于数据清洗、数据规约、数据转换等。

4. 特征工程

算法建模工具具有灵活的特征提取手段。提供了多种特征提取和特征转换方法。

5. 算法选择

算法建模工具具有高性能的分布式算法。用户可以选择单机和分布式算法，包括常见的分类、回归、聚类、推荐、时序、统计等机器学习算法，也包括多种经典的神经网络，以及 NLP 和图像相关领域的算法，同时，通过与 SQL 流式引擎结合提供流式机器学习。

6. 模型训练

算法建模工具具有高效的训练方式和多种模型评估手段。提供了多种底层运行平台，通过 Kubernetes+Docker 的模式进行资源管控和调度。对于训练好的模型，用户可以通过多种指标和模型展示方式进行评估，从而得到最优模型。

7. 模型发布和模型管理

算法建模工具具有强大的模型发布和管理功能。用户可以选择满意的模型进行发布，既可以将模型通过 PMML 格式导出，也可以将其 API 服务进行在线部署，或者通过工作流调度的方式进行定时调度。训练好的模型可以进行版本化管理。

4.2 申 请 流 程

打开 INDICS 物联网平台主页，进入算法建模首页。算法建模申请入口页如图 4-2 所示。

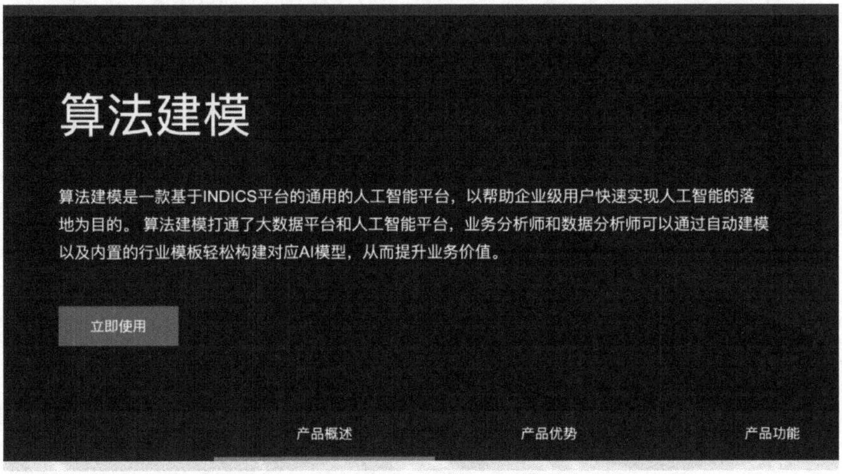

图 4-2　算法建模申请入口页

单击“立即使用”按钮，进入申请使用页面，选择“平台资源”和“账户详情”信息，自动生成用户数和相应的服务费用，并单击“确认”按钮，申请提交，如图 4-3 所示。

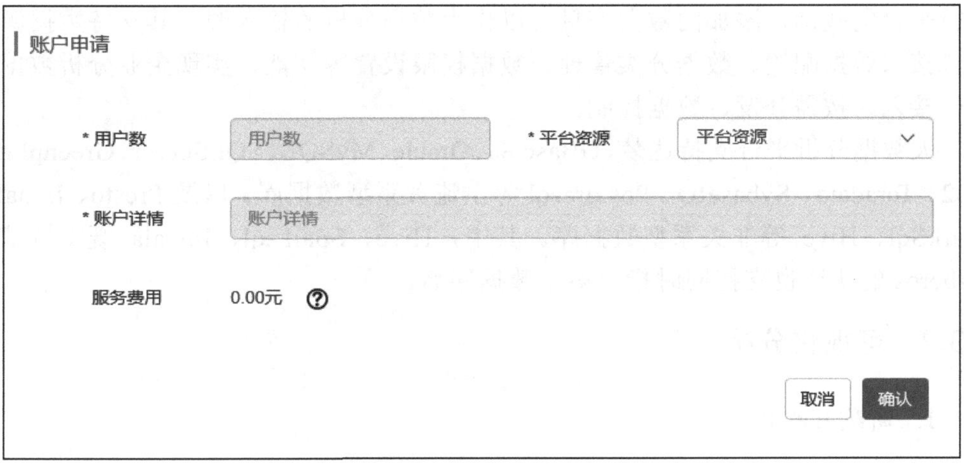

图 4-3　算法建模申请填写页

企业管理员申请成功之后，可以在算法首页查询申请结果，单击“申请结果查询”按钮，弹出申请结果详情，如图 4-4 所示。

申请查询结果

用户	申请天数	申请结果	备注
4920433_system	90	拒绝	资源超限
4920433_hipad_nanchang	7	已到期	已到期
liyunxi@hipad.com	30	通过	有效期至2019-01-04
4920433_hipad_nanchang	7	已到期	已到期
4920433_system	90	拒绝	资源超限
liyunxi@hipad.com	30	通过	有效期至2019-01-04
liyunxi@hipad.com	30	通过	有效期至2019-01-04

取消

图 4-4　算法建模申请结果查询

4.3 快速应用

4.3.1 数据管理

数据管理为数据管理员提供维护系统分析所用的数据源、构建数据模型、新建视图等功能，并支持对用户进行数据权限分配与管理。数据管理是使用大数据分析平台的基础，添加的数据信息可以作为数据分析的输入源。其支持数据源添加、接口数据配置、数据分类管理、数据权限设置等功能，实现企业分析数据的统一接入、按需分发、数据控制。

大数据分析平台支持达梦、GBase 8a、Oracle、MySQL、SQLServer、Greenplum、DB2、Teradata、SybaseIQ、Postgresql 等主流关系型数据库，以及 Presto、Impala、SparkSql、Hive 等非关系型数据库。其中，Hive、Sparksql、Impala 既支持基于 kerberos 的认证也支持同时指定多个数据库名。

4.3.2 可视化分析

1. 新建可视化

单击“数据分析”按钮进入可视化分析页面。单击“新建可视化”按钮或页面中的“＋”，可以创建可视化分析主题，如图 4-5 所示。

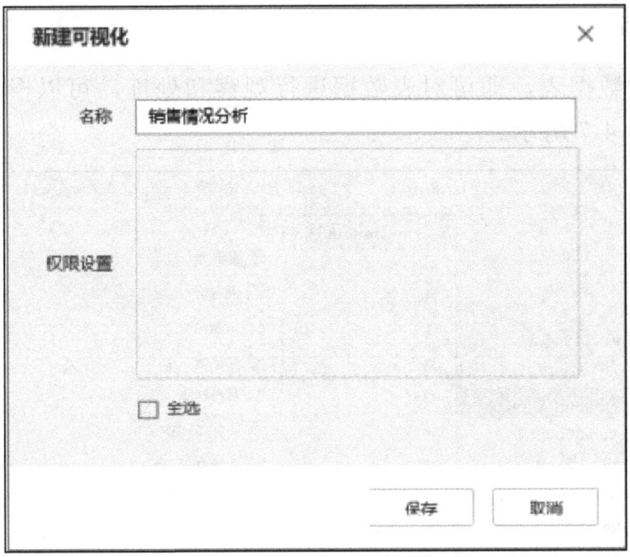

图 4-5　新建可视化

2. 添加数据

单击打开“添加数据向导”，选择不同类型的方式进行数据添加。

这里以“从数据源中添加”为例。单击“从数据源中添加”按钮，勾选需要添加的数据表，单击“确定”按钮即可。支持同时选中多张数据表添加，如图 4-6 所示。

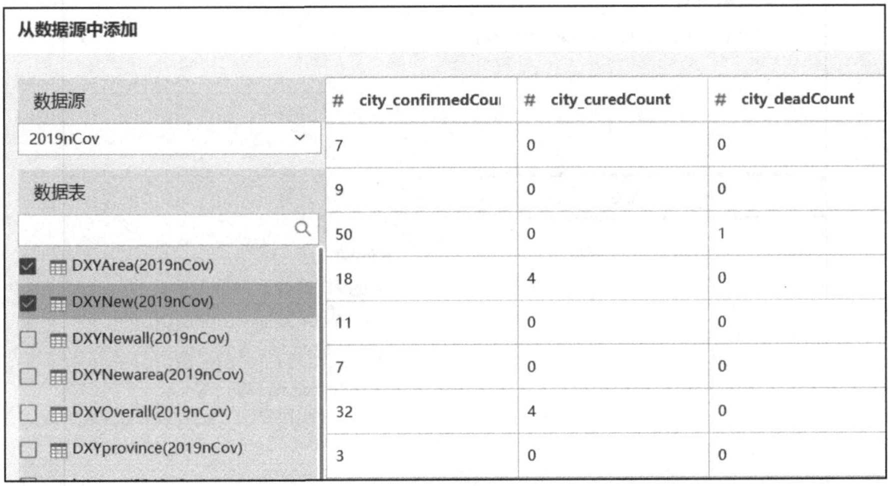

图 4-6　添加数据

3. 数据准备

选中添加的数据表，即可对表数据进行观察和处理，可以根据需要进行数据处理工作，如图 4-7 所示。

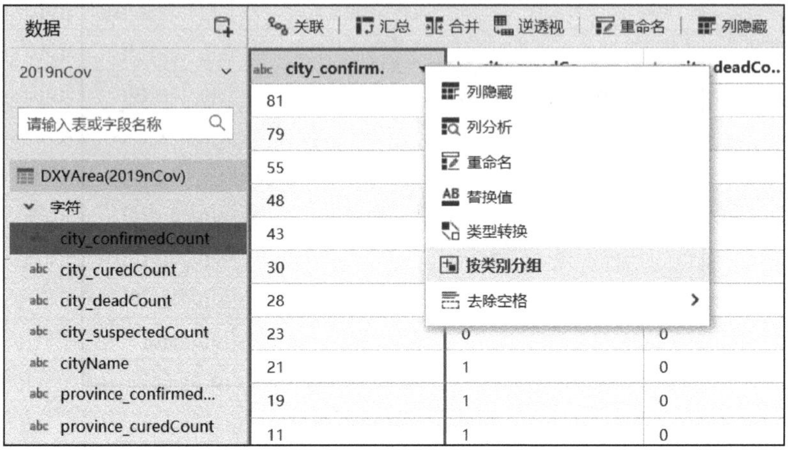

图 4-7　数据准备

还可以使用“计算列”进行数据扩展：通过计算“签收日期”与“发货日期”的差值，获取快递运输周期。计算列功能如图 4-8 和图 4-9 所示。

图 4-8　计算列功能 1

4. 创建分析场景

单击“可视化设计”按钮即可进行数据可视化分析，分析过程中“数据准备”与“可视化设计”可以自由切换。

图 4-9　计算列功能 2

在场景“外观”页面中，可进行场景主题、大小、背景样式等信息的配置，也可以选择使用默认值。

创建“销售情况分析”需要一个柱状图、一个折线图、一个柱线组合图以及页面筛选器，分别表达不同的分析维度。

将“柱状图”按钮单击选中，拖入右侧画布，根据“图表数据”相关内容，将需要表达的字段拖入对应的区域，即可完成一个图形的设置。

单击“修饰”按钮即可对图形进行样式的设置，如添加标题、图例、提示等信息的设置。

可以单击“更多配置”按钮，对图形样式进行更细致的设置，如图 4-10 所示。

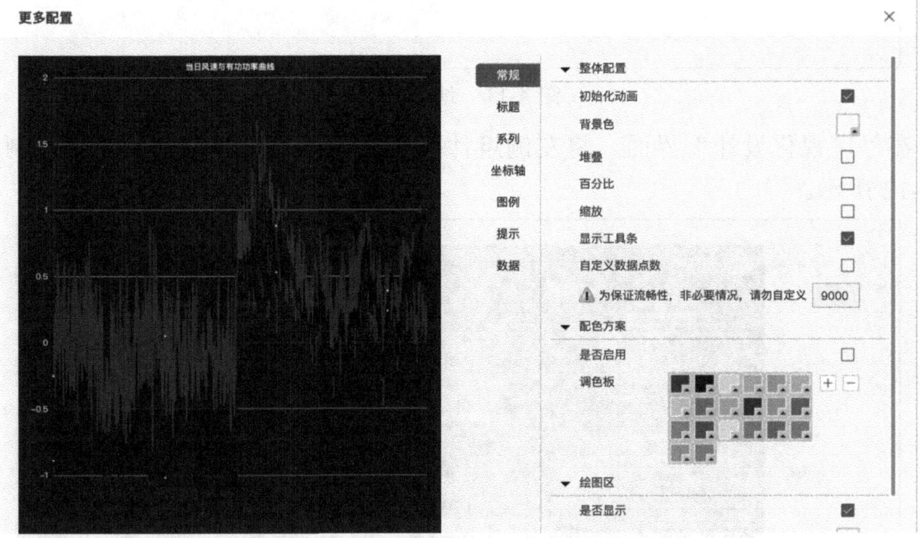

图 4-10　更多配置

同样的方式，将“柱线组合图”拖入右侧画布，将快递公司、订单额、订单数量等字段拖入对应的区域。

由于“订单额”与“订单数量”的数值差异较大，若同时在一个数值轴显示则“订单数量”趋势不明显，可通过“更多配置” →“系列”设置双 Y 轴，定义数值对应的坐标轴。

将“折线图”拖入右侧画布，选择“订单日期”，系统将自动提示您选择数据显示格式，也可多选，形成日期层级。

创建“地图”，首先切换到“数据准备”界面，选择“地理分析”，选择地图及层级，并与“数据表”中相关字段进行对应。“单击分析”即可完成“地理分析”，产生“地理”字段信息，如图 4-11 所示。

图 4-11　地理分析

在“可视化设计”界面，将左侧组件拖入右侧画布，即可完成图表绘制，如图 4-12 所示。

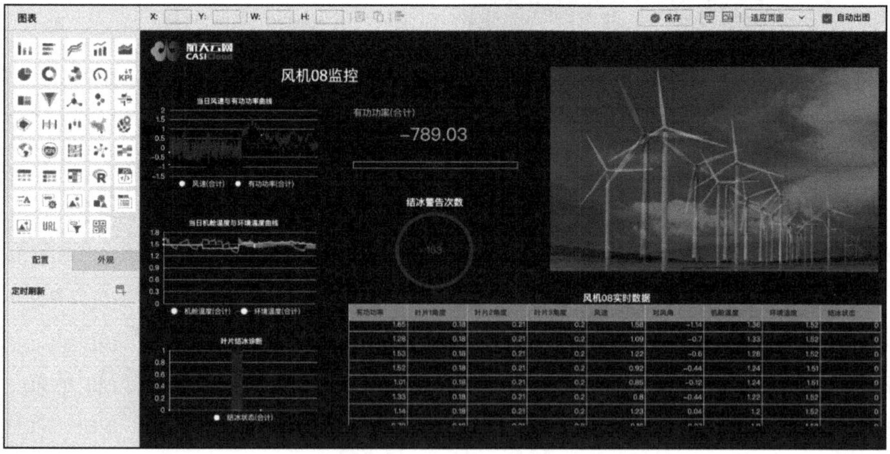

图 4-12　可视化设计

在右侧画布拖入“饼图”，拖入“快递订单额”，并通过“修饰”进行饼图样式的配置。

页面添加“筛选器”，将“筛选器”组件拖入右侧画布，拖入“产品类别”字段，即可生成页面筛选器。

可以选择“图片”“文字”组件等进行页面的丰富。将“文字”组件拖入画布，单击“ ”，即可进行文本输入。

选择 拖拽至右侧画布，通过“选择图片→上传文件”进行本地图片上传，选中上传的图片，单击“确定”按钮即可将图片添加至页面。

通过更改场景“主题”，实现场景一键换肤。

选中“区域订单额对比”，“联动钻取”→“启动联动”，即可将此图形作为页面的筛选器，单击页面上的“柱”，即可实现对其他图形的筛选联动。

5. 创建分析报告

单击 可以生成一个报告，可以选择多个场景页，生成一个多页的故事“报告”。选择场景如图 4-13 所示。

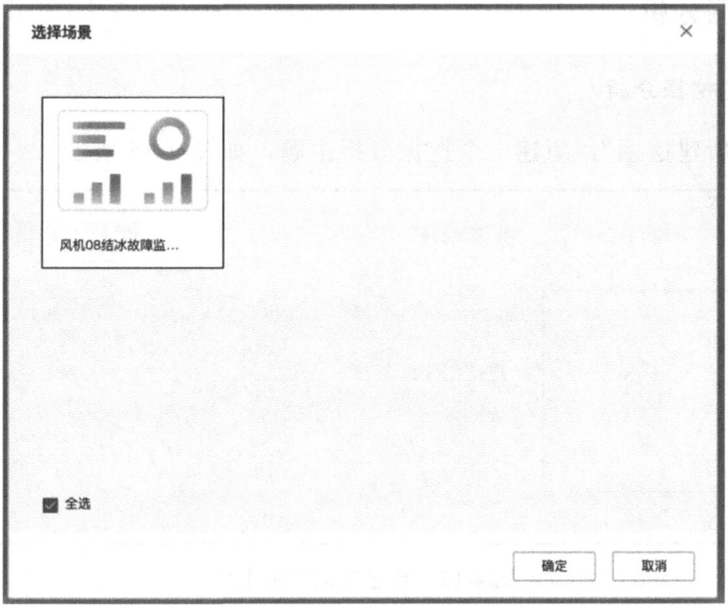

图 4-13　选择场景

通过拖拽“场景页”，可以进行报告内先后顺序的调整，如图 4-14 所示。

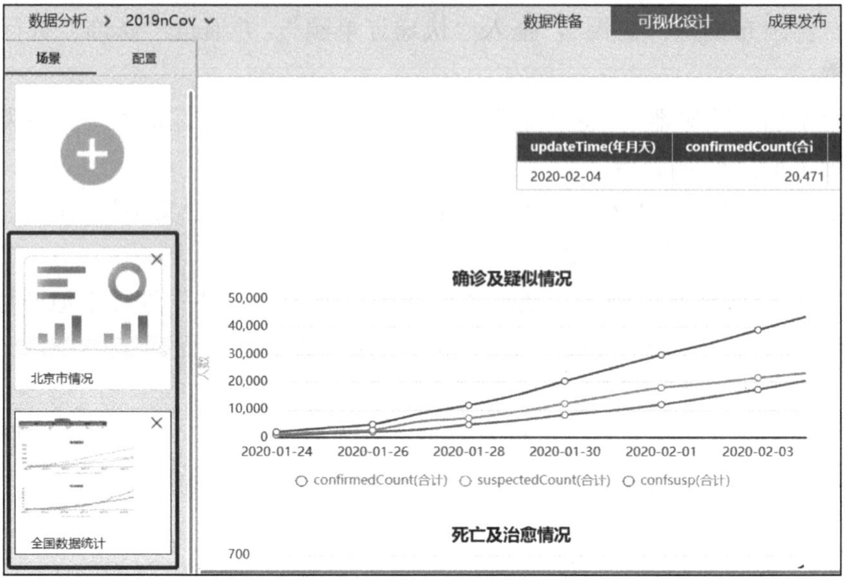

图 4-14　报告排版调整

4.3.3　挖掘分析

1. 新建挖掘分析

选择“新建挖掘”，新建一个挖掘分析主题，如图 4-15 所示。

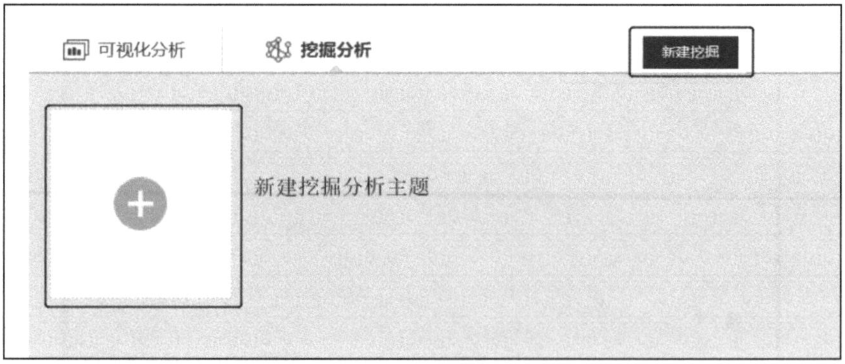

图 4-15　新建挖掘分析主题

2. 模型构建

单击“建模”按钮，进入建模主界面，如图 4-16 所示。

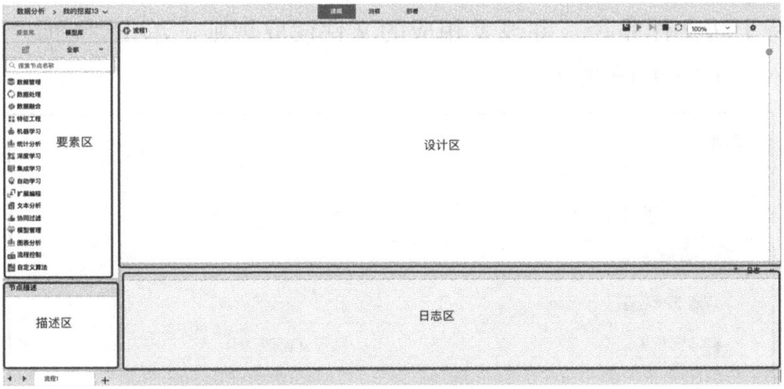

图 4-16　建模主界面

将“要素库”中的节点拖入设计区，连线并进行节点参数设置，即可完成一个挖掘流程。建模实例如图 4-17 所示。

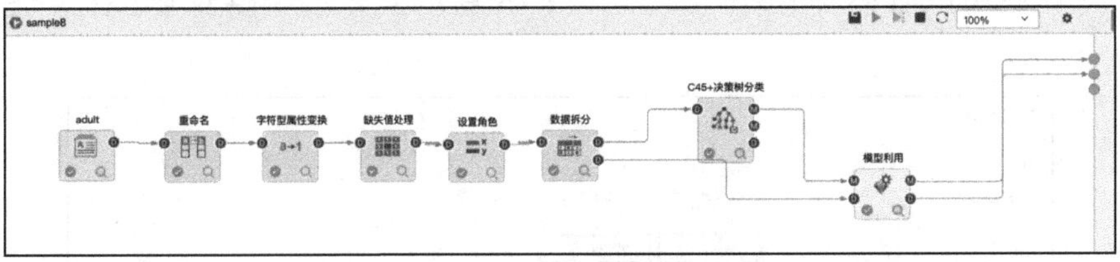

图 4-17　建模实例

3. 添加数据

添加数据作为分析的数据源，将左侧要素库中的“文件输入”节点拖入设计区，双击打开参数设置界面，单击“文件上传”按钮，如图 4-18 所示。

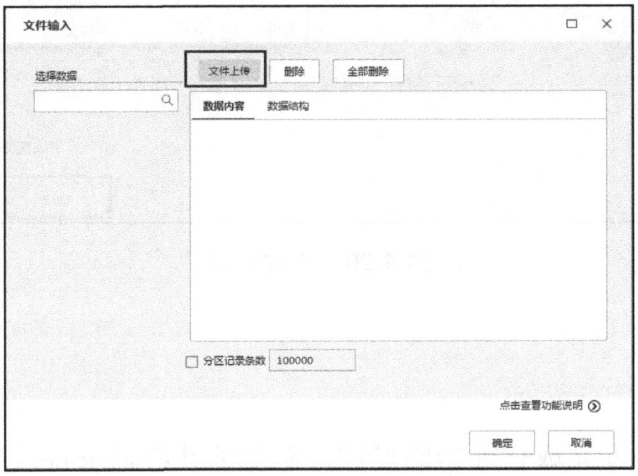

图 4-18　文件上传

选择待上传文件路径，并设置相应的文件读取规则，单击“确定”按钮，完成数据输入，如图 4-19 所示。

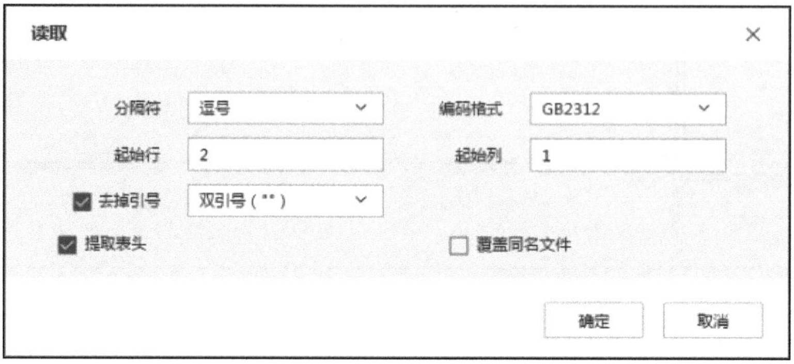

图 4-19　文件输入

可查看数据内容及数据结构，并对字段名和字段类型进行修改，如图 4-20 所示。

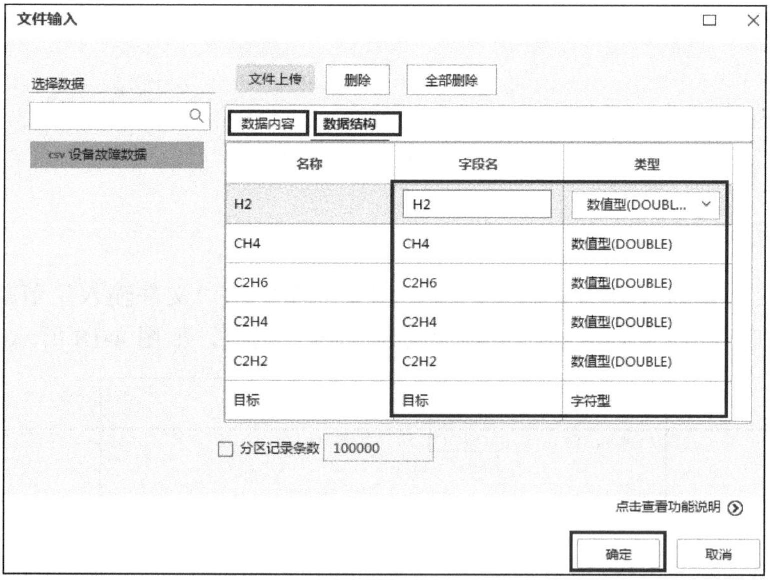

图 4-20　文件读取

4. 数据处理

1) 数据过滤

根据设置的条件完成行数据的过滤，满足条件的记录将被保留，不满足条件时的记录将被过滤删除，如图 4-21 所示。

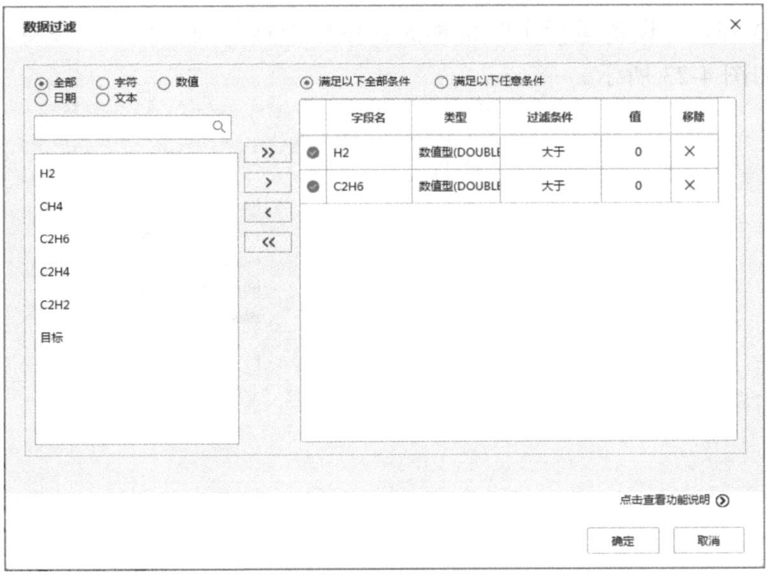

图 4-21　数据过滤

2) 缺失值处理

针对存在缺失值的变量进行缺失值处理。这里我们将数值型属性的缺失值用“平均值”填充，将字符型属性的缺失值用“最多次数项”填充，如图 4-22 所示。

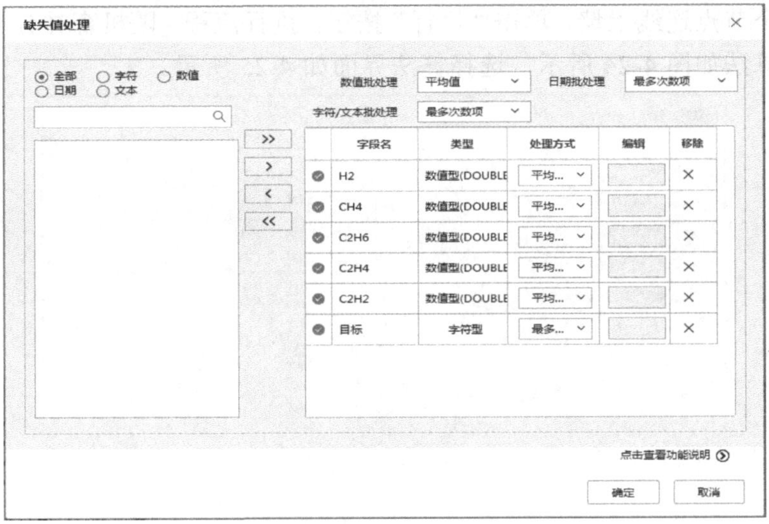

图 4-22　缺失值处理

3) 设置角色

选择需要分析的属性，并对属性进行变量的角色定义，包含的角色有自变量、因变量、ID 列。将设备运行实时采集的各参数指标作为自变量，设备故障类型为因变量，如图 4-23 所示。

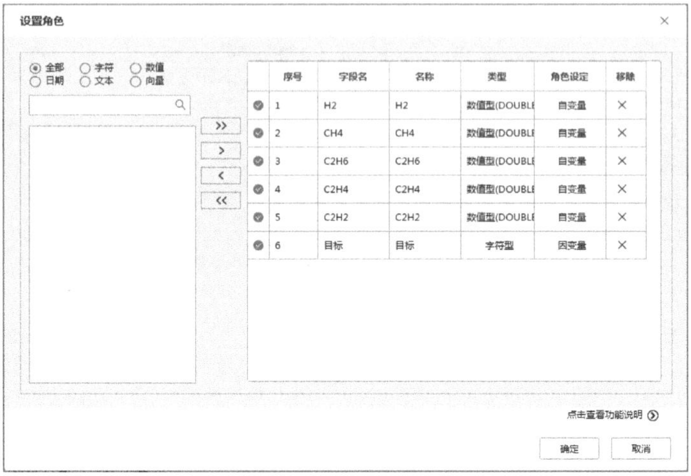

图 4-23　设置角色

5. 算法选择

采用随机森林分类和 CART 两种分类算法构建设备故障预测模型，通过模型评估节点选择最佳模型后将最佳模型输出。双击打开节点，分别进行参数设置，将最后一个节点连线上墙，单击“执行”按钮，执行流程。随机森林分类和 CART 两种分类算法如图 4-24 所示，选择算法界面如 4-25 所示。

(a) 随机森林分类

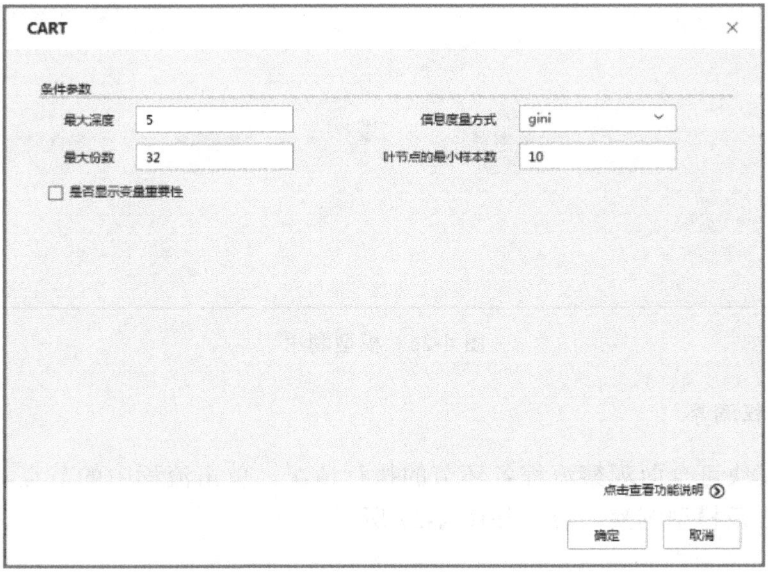

(b) CART

图 4-24　两种分类算法

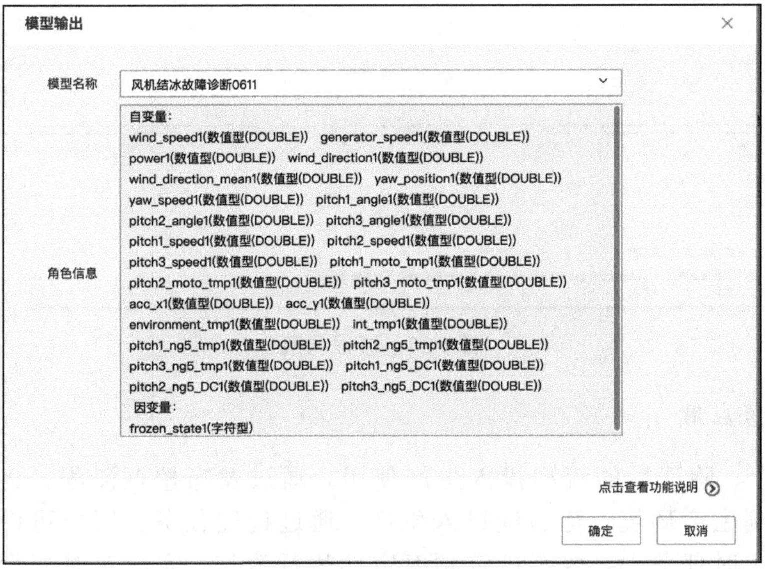

图 4-25　选择算法界面

6. 模型利用

利用训练好并成功输出的最佳模型，构建一个模型利用流程，如图 4-26 所示。

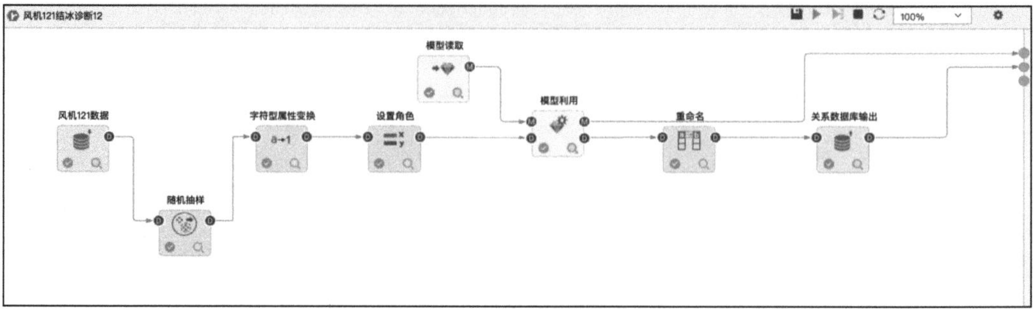

图 4-26　模型利用

7. 流程洞察

洞察模块可全面观察流程各环节的执行情况。单击流程中的节点，可查看相应的数据集及模型洞察内容，如图 4-27 所示。

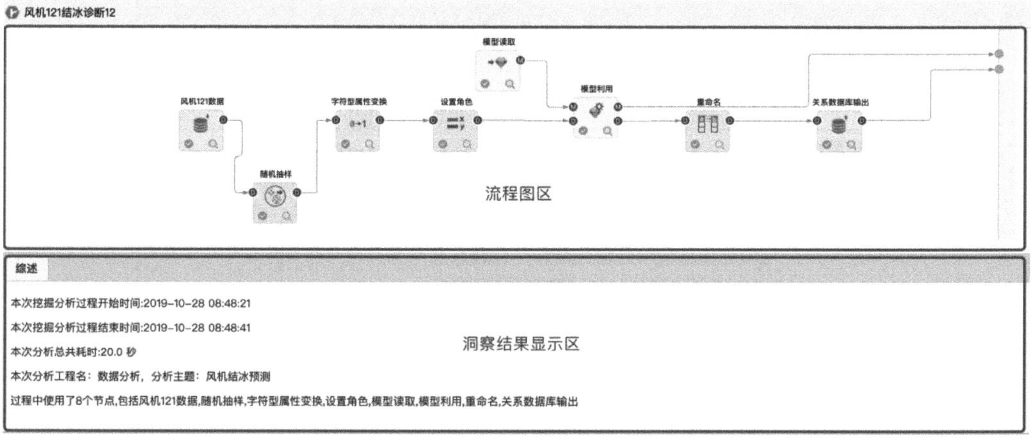

图 4-27　流程洞察

8. 部署应用

将设计、验证后的流程投入生产使用，通过发布挖掘流程，将设计后的流程转移到生产环境，待后续投入生产。通过调度任务，用户可以将流程嵌入到一个定时任务中，按照指定频率定期执行流程，完成实时模型构建或数据预测。

9. 发布

单击“部署”按钮，选择左侧模型利用的流程，单击“发布”按钮，弹出框可修改发布流程的名称，单击“确定”完成流程发布，如图 4-28 所示。

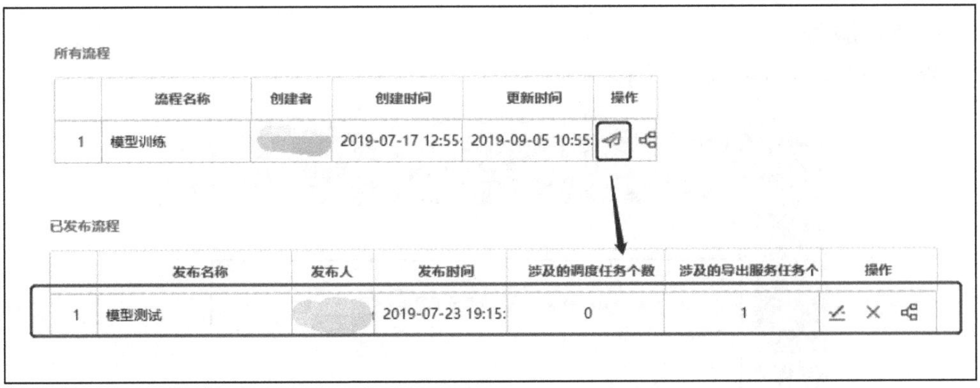

图 4-28　发布

10. 调度

构建一个调度任务，使之前发布的设备故障预测流程能够在指定的日期范围内按照一定的频率定期执行，如图 4-29 所示。

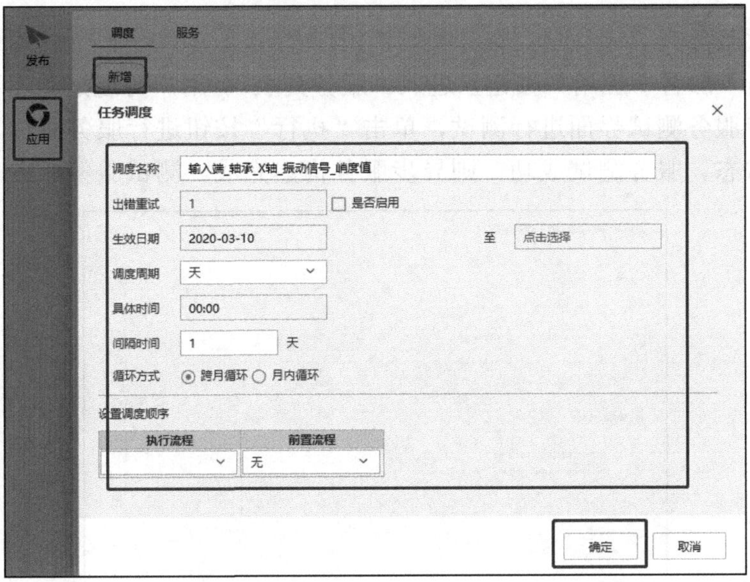

图 4-29　调度

11. 服务

构建一个服务，将已发布的流程以 REST 服务方式进行应用，通过该方式提供的接口，可以获取任务的执行状态，以便开发人员基于该状态开发其他相关联功能服务。

1) 新建服务

新建服务，如图 4-30 所示。

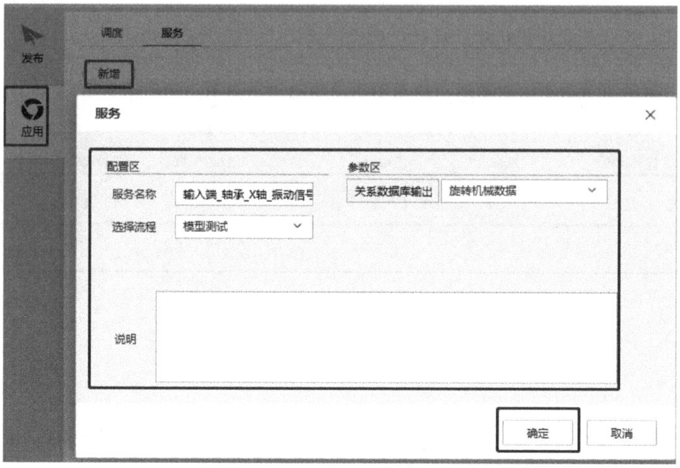

图 4-30　新建服务

2) 测试服务

先单击“部署→应用”按钮，进入“服务列表”。用户可通过单击“测试”按钮打开异步服务测试界面进行测试，单击“执行”按钮进行服务测试，可查看服务的执行状态。服务测试成功，则异步服务构建完成。测试服务如图 4-31 所示。

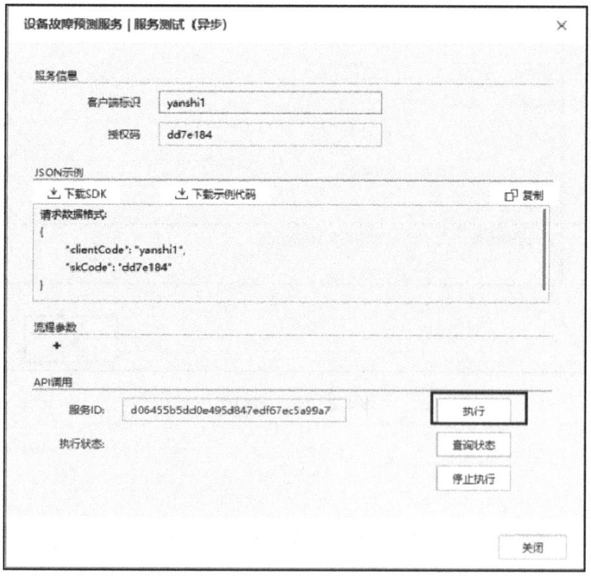

图 4-31　测试服务

3) 调用服务

打开该服务的测试页面，单击“下载 SDK”或“下载示例代码”按钮，可以调用服务如图 4-32 所示。

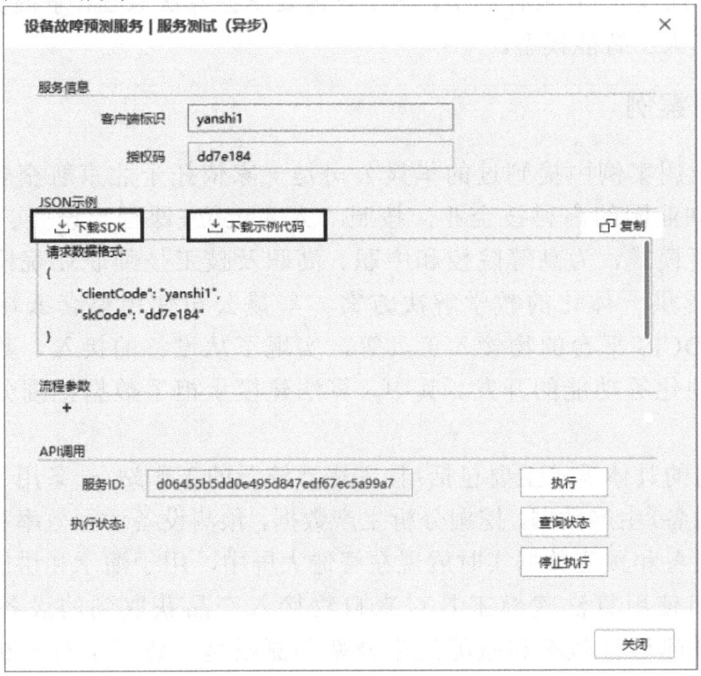

图 4-32　调用服务

4.4　典型应用场景和应用案例

4.4.1　典型应用场景

算法建模工具适用于如下典型应用场景。

1. 设备故障预测

设备故障预测是一个全球范围的热点问题，依靠设备自身的故障报警系统达到报警阶段时往往已经比较严重，需要对设备进行停机维修，造成巨大的经济损失和维护成本。如果能够快速搭建设备故障预测模型，准确预测故障则能够有效地改善设备的使用率和运维成本。算法建模工具具备机器学习算法、快速搭建可视化模型、自动优化参数的能力，使用该工具快速搭建设备故障预测模型，并定制给出预测结果，能够变被动为主动，有效地减少设备重大故障的发生。

2. 人工智能算法教学

人工智能领域往往算法是核心，而很多学生的编程能力比较弱。算法建模提供可视化、可拖拽的 90 余种算子，学生只需要掌握算法原理，掌握参数配置就可以快速搭建出人工智能模型。

4.4.2 应用案例

第 3 章应用案例中提到过的华晟公司是一家依托于北京航空航天大学，立足于中关村创业园的高科技企业，按照“人才定位+课程建设+实训室建设+师资建设”的新模式，为高等院校和中职、高职及技工技师职业院校的工业机器人专业教育提供一体化的教学解决方案。华晟公司使用整套云端应用开发环境，以及 INDCIS 平台的物接入工具等，实现了从设备的接入、数据的挖掘分析到数据可视化等功能的开发。其中，算法建模承担了数据挖掘分析的设计开发工作。

华晟公司的具体需求主要包括：接入需要演示的工作站(一条用于教学演示的生产流水线设备)生产数据，挖掘分析生产数据，预测设备运行效率和故障发生概率，并实现设备和预测数据实时展现在智造大屏中，用于演示和讲解。

华晟公司使用算法建模工具对来自物接入产品获取到的设备数据进行预处理，成功搭建运行效率和故障发生概率预测模型并进行运行分析，再将两套模型的服务进行发布和结果数据输出以供应用开发工具调用，最终实现数据可视化。

图 4-33～图 4-35 为华晟公司应用的算法建模工具的主要界面。

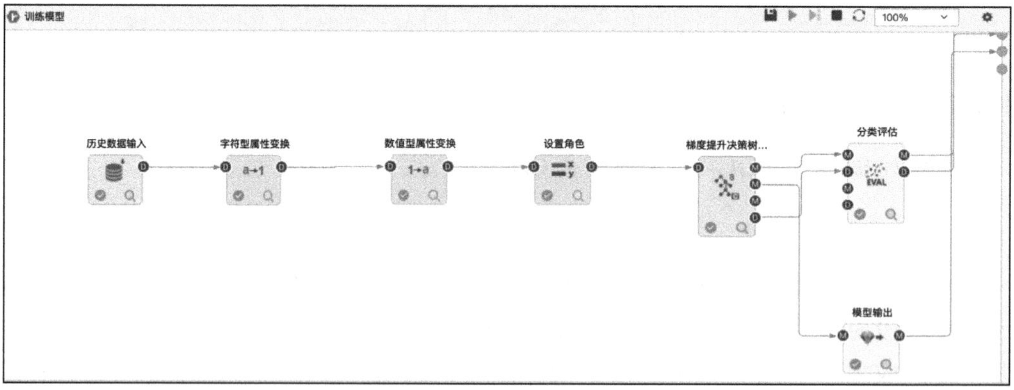

图 4-33　设备故障预测-训练模型

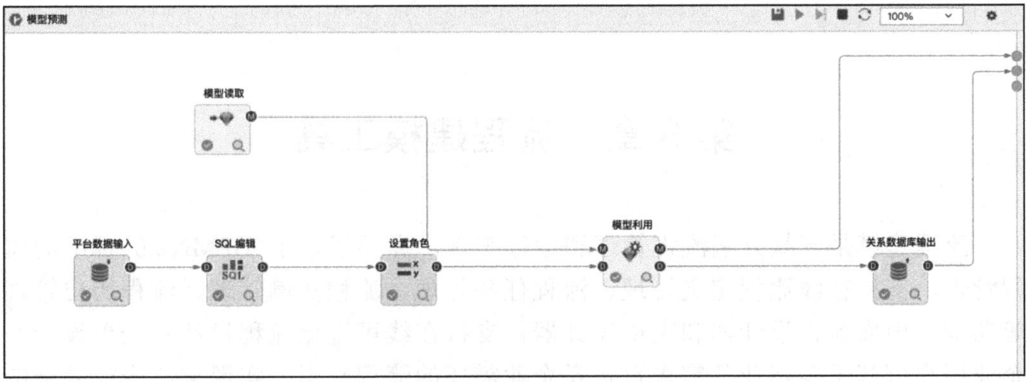

图 4-34　设备故障预测模型

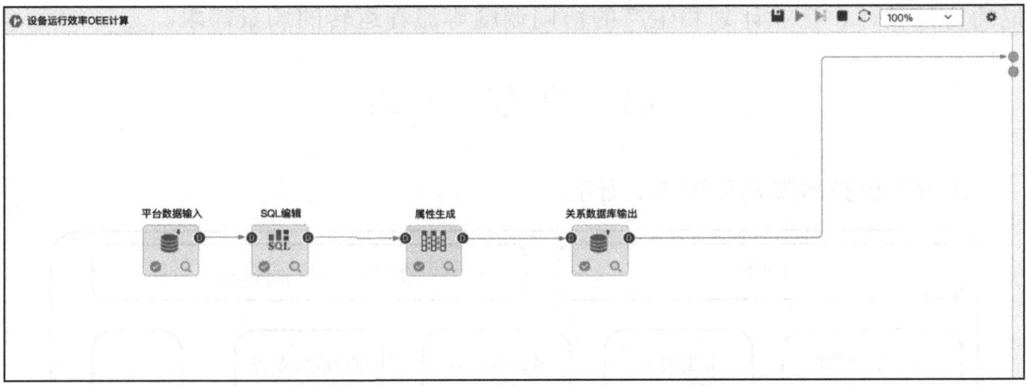

图 4-35　设备运行效率 OEE 预测模型

算法建模工具帮助华晟公司实现了设备运行效率和故障率两项指标的预测，以秒为单位，做到了预测数据的实时更新。通过对采集数据的实时分析和预测，华晟公司可以预测在生产过程中可能发生事故的概率和设备的运行效率，为管理人员提供设备维护、人员安排、资源调度等决策依据，避免因设备故障造成的生产损失，不断提高产线的生产效率。

第 5 章　流程建模工具

流程建模是一款云端流程管理和运行工具，提供了基于 BPMN2.0 标准的流程管理，支持在线流程定义管理、流程任务管理、流程实例管理、流程历史管理等功能，内嵌流程设计器和表单设计器，支持在线可视化流程设计和表单设计。企业用户可基于实际业务需求自定义企业需要的流程应用，实现解决企业复杂的流程应用的问题，支持企业管理流程动态组合、流程自动监控和决策，满足跨单位的协同设计、企业计划和生产的协同调度等流程运转的场景需求。

5.1 功 能 介 绍

流程建模技术架构如图 5-1 所示。

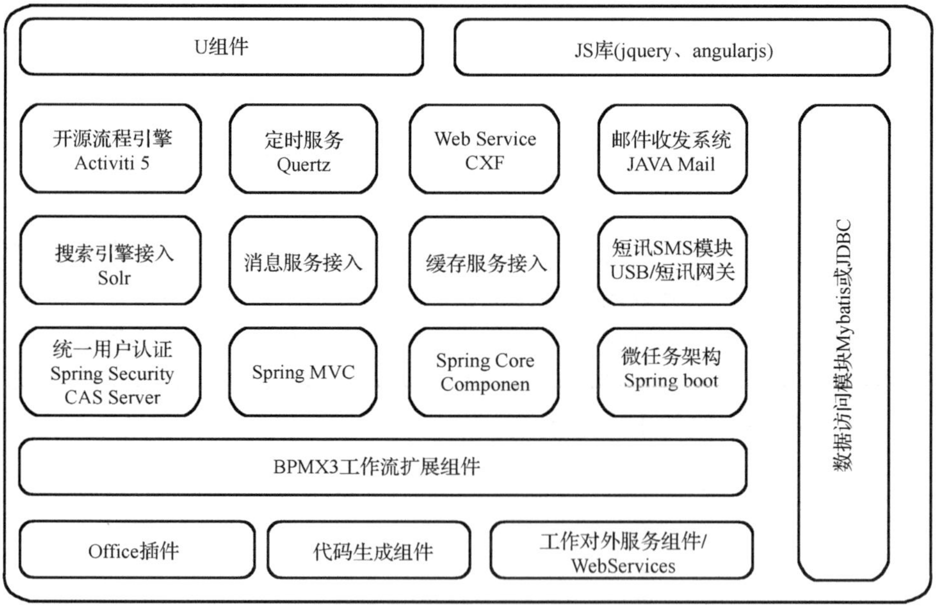

图 5-1　流程建模技术架构

流程建模功能包括流程版本、表单设置、流程任务、催办待办、会签功能、多任务机制等。

1. 流程版本

流程版本提供流程版本变量。

2. 表单设置

表单设置提供流程节点表单设置和表单的权限设置。

3. 流程任务

流程任务提供流程任务通知功能。

4. 催办待办

催办待办提供催办、代办、转化功能。

5. 会签功能

会签功能提供并行会签、串行会签、补签，子流程，同步任务。

6. 多任务机制

多任务机制提供多实例任务、人工任务、消息任务、邮件任务等，任务多级分发与汇总、任务追回。

5.2 快速应用

5.2.1 创建表单

在“表单管理”页面中首先添加生成业务表单和手机表单要用到的“实体→业务对象定义→表单元”数据，然后再用表单元数据生成业务表单和手机表单，在生成业务表单和手机表单时需要用到业务表单和手机表单的模板。

在“业务对象”页面中有“实体管理”和“业务对象定义”两个子模块。首先在“实体管理”中添加实体，给实体添加字段和字段属性，然后在“业务对象定义”中使用实体生成主子表关系。下面分别进行说明。

1. 实体管理

依次进入“流程管理”→“表单管理”→“业务对象”→“实体管理”页面。

在“实体管理”页面中用户可以自己添加表字段，也可以将外部表中的字段添加进来，使用外部表中的数据。添加的实体用于生产业务对象定义。

1) 添加自定义表

在“实体管理”页面中单击“添加”按钮打开“添加实体”页面，在页面中每单击一下“添加”按钮就添加一行，在添加的这些行里填写要添加的字段的注释和名称，选择数据类型，填写属性长度，若字段要设置默认值，则填写默认值，然后填写实体描述和名称，选择实体的分类，单击“保存”按钮，提示保存成功。添加的实体显示在“实体管理”页面中，“是否生成表”列显示“否”，“表名”列为空，如图 5-2 所示。

图 5-2　添加自定义表

2) 生成物理表

添加实体后，可以在数据库中生成实体的物理表，也可以不生成实体的物理表。生成实体的物理表后，用该实体生成的业务表单和手机表单，流程运行中产生的数据存储在用这个实体生成的物理表中，若没有生成实体的物理表，则用该实体生成的业务表单和手机表单，流程运行中产生的数据存储在表“xbo_inst”中。

生成实体的物理表的操作是在“实体管理”页面中单击操作列的“生成表”按钮，提示生成表成功，实体的“是否生成表”列显示“是”，“表名”列显示数据库中物理表的表名，如图 5-3 所示。

外部表: 全部

	是否生成表	是否外部表	状态	数据源	表名	操作
	否	否	可用	LOCAL		
	是	否	可用	LOCAL	W_xxb	

图 5-3　生成物理表

生成的实体物理表的表名以“w_”开头，表名构成是“w_+实体名称”，如图 5-4 所示。

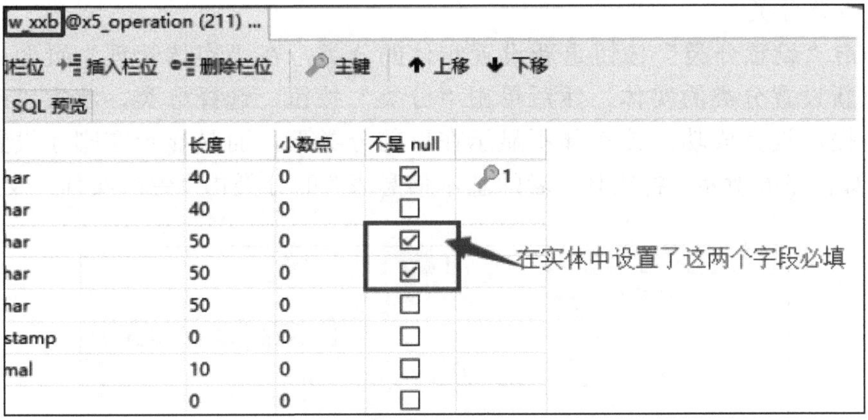

图 5-4　物理表表名

3) 添加外部表

在“实体管理”页面中可以将外部的表添加进来，用外部的表生产表单，添加外部表的操作如下。

先在“实体管理”页面中单击“添加外部表”按钮，进入添加外部表页面；然后在页面中选择分类，填写描述和名称，选择数据源，选择外部表，在页面中显示“字段信息”；填写后单击“保存”按钮，提示保存成功，如图 5-5 所示。

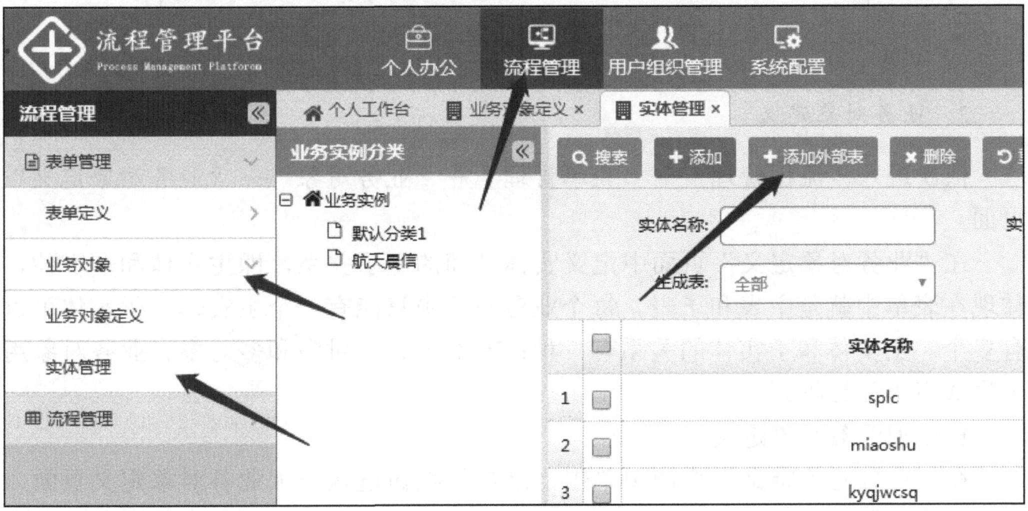

图 5-5　添加外部表

注意：添加外部表时，选择的外部表一定要有主键，否则不能作为实体添加，因为在页面中主键是必填项，而且是自动获得外部表的主键，不能在页面中设置。

4) 设置分类

单击“设置分类”按钮重新设置实体的分类，在“实体管理”页面中勾选需要重新设置分类的实体，然后单击“分类”按钮，选择分类，单击“确定”按钮，提示设置成功。该实体不显示在以前分类下，而是显示在刚才设置的分类下。如图 5-6 所示，将实体“老师基本信息表”的分类由“生产实体”改为“默认分类”。

图 5-6　设置分类

2. 业务对象定义

依次进入“流程管理”→“表单管理”→“业务对象”→“业务对象定义”页面。

在“业务对象定义”页面中定义实体之间的主子关系，即主实体和子实体，体现在表单中就是主表和子表。每个业务对象中只能有一个主实体，子实体可以有多个。主实体和子实体的关系有三种：一对一、一对多和多对多。业务对象用于生成表单元数据。

1) 添加业务对象定义

在“业务对象定义”页面中单击“添加”按钮进入添加业务对象定义页面，在页面中填写业务对象的描述、别名，选择主实例，主实例有子实例则添加子实例，设置主子实例的关系，然后单击“保存”按钮，提示保存成功，在“业务对象定义”页面中显示刚才添加的业务对象，业务对象状态默认是“可用”，未发布，如图 5-7 所示。

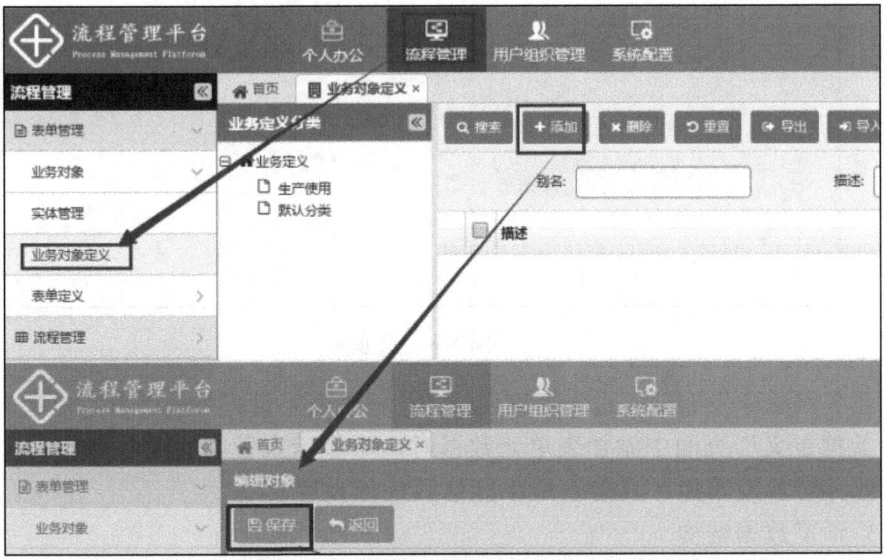

(a) 添加业务对象

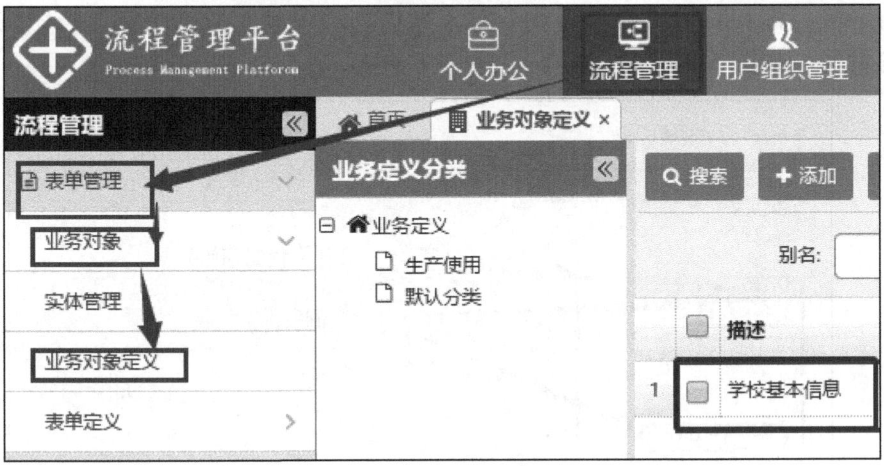

(b) 显示业务对象

图 5-7　添加业务对象定义

2) 发布

添加业务对象后，需要发布业务对象才可以使用业务对象生成表单元数据，只有未发布的业务对象的操作列有“发布”按钮，已发布的业务对象的操作列没有“发布”按钮。在“业务对象定义”页面中单击操作列的“发布”按钮，发布业务对象，如图 5-8 所示。

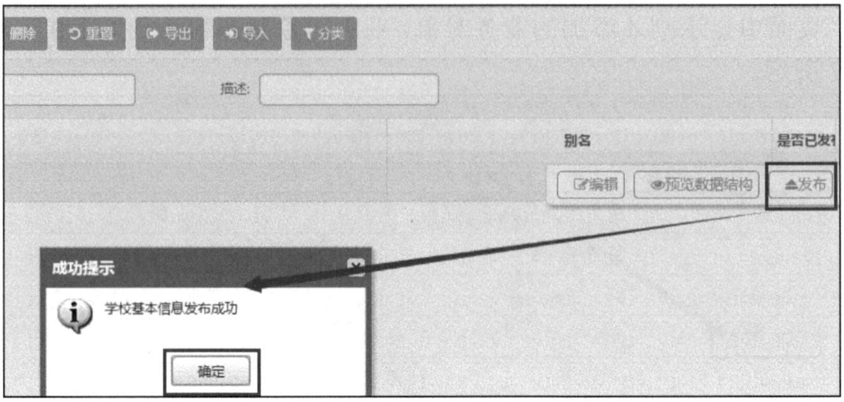

图 5-8　发布

业务对象未发布时，进入“流程管理”→“表单管理”→“表单定义”→“表单元数据定义”页面中添加表单元数据时，不显示未发布的业务对象。

业务对象发布后，只能查看不能修改任何设置。

3) 预览数据结构

添加业务对象后，可以查看业务对象的数据结构，即业务对象使用的主子实例的字段名称和默认值。单击业务对象操作列的“预览数据结构”按钮进入数据结构页面，如图 5-9 所示。

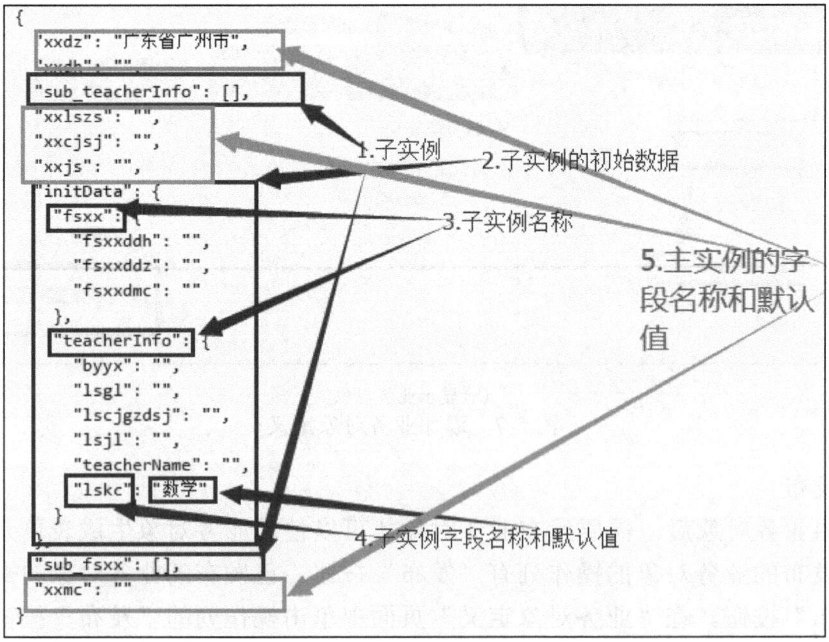

图 5-9　预览数据结构

4) 绑定表单/流程

业务对象被用于生成表单元数据，表单元数据被用于生成业务表单和手机表单，业务表单和手机表单绑定到流程，在流程启动和审批时展示，流程绑定表单时需要先绑定业务对象。查看某个业务对象绑定的表单即查看所有使用这个业务对象的业务表单和手机表单，查看某个业务对象绑定流程即查看在流程设置中绑定这个业务对象的所有流程。

查看业务对象绑定的表单和流程的操作：单击业务对象操作列的“绑定表单/流程”按钮，进入“绑定的流程和表单”页面，在页面中罗列这个业务对象绑定的表单和流程，如图 5-10 所示。

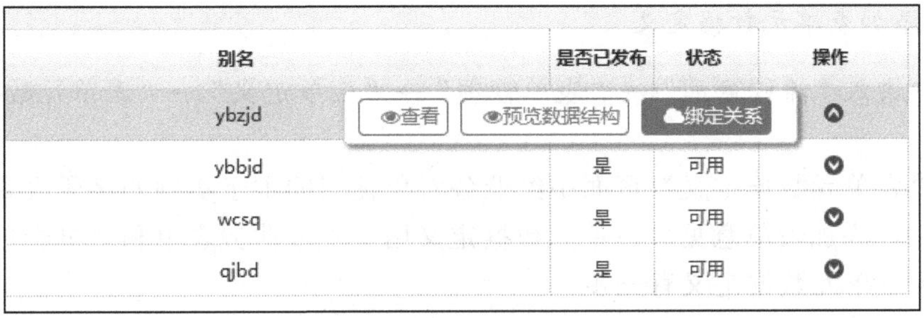

图 5-10 绑定表单/流程

5) 设置分类

单击“设置分类”按钮重新设置业务对象定义的分类，在“业务对象定义”页面中勾选需要重新设置分类的业务对象定义，然后单击“分类”按钮选择分类，单击“确定”按钮，提示设置成功，该业务对象不显示在以前分类下，而是显示在刚才设置的分类下。如图 5-11 所示，将业务对象定义 “老师信息表”的分类由“生产使用”改为“默认分类”。

图 5-11 设置分类

5.2.2　表单定义

依次进入“流程管理”→“表单管理”→“表单定义”页面。

“表单定义”中的“表单元数据定义”是给业务对象中的主子实例字段设置控件的，生成的表单元数据用于生成业务表单和手机表单，业务表单即 PC 表单，流程在 PC 端操作时显示的是业务表单，流程在手机端操作时显示的是手机表单。在生成业务表单和手机表单时除了要用到表单元数据定义，还需要用到表单模板，在“表单模板”页面中添加业务表单和手机表单的模板，表单的模板规定了表单显示的样式。

1. 添加表单元数据定义

依次进入“流程管理”→“表单管理”→“表单定义”→“表单元数据定义”页面。

在“表单元数据定义”页面中给业务对象使用的主子实例的字段设置控件和控件属性，添加表单意见。表单元数据定义用于生成业务表单和手机表单。

添加表单元数据定义有三步。

第一步：在“表单元数据定义”页面中单击“添加”按钮，弹出“添加表单定义”弹出框，在弹出框中选择表单分类，填写表单名称、别名和说明，选择业务对象，可以选择多个业务对象(在下面的例子中选择了两个业务对象)，然后单击“下一步”按钮，进入添加表单元数据定义页面，如图 5-12 所示。

(a)添加表单定义

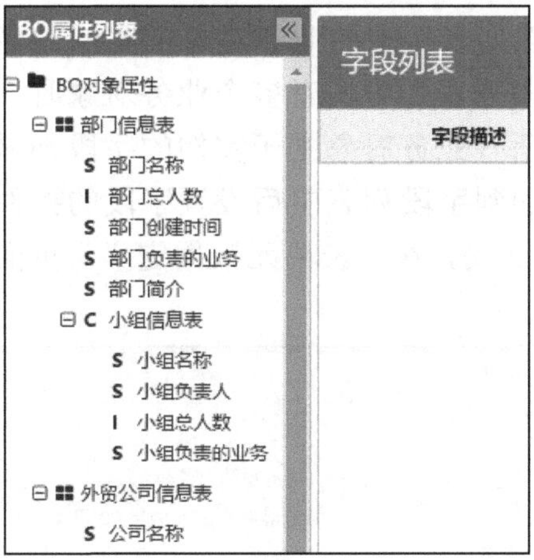

(b) 添加表单元数据定义

图 5-12　添加表单定义第一步

第二步：添加表单元数据定义页面的左边显示“BO 属性列表”，里面显示的是上一步选择的所有业务对象的主子实例以及主子实例的字段，添加表单元数据定义页面右边的“字段列表”和“表单属性”，字段列表为空，表单属性中显示“表单标题”、“表单 Key”和“表单说明”，如图 5-13 所示。

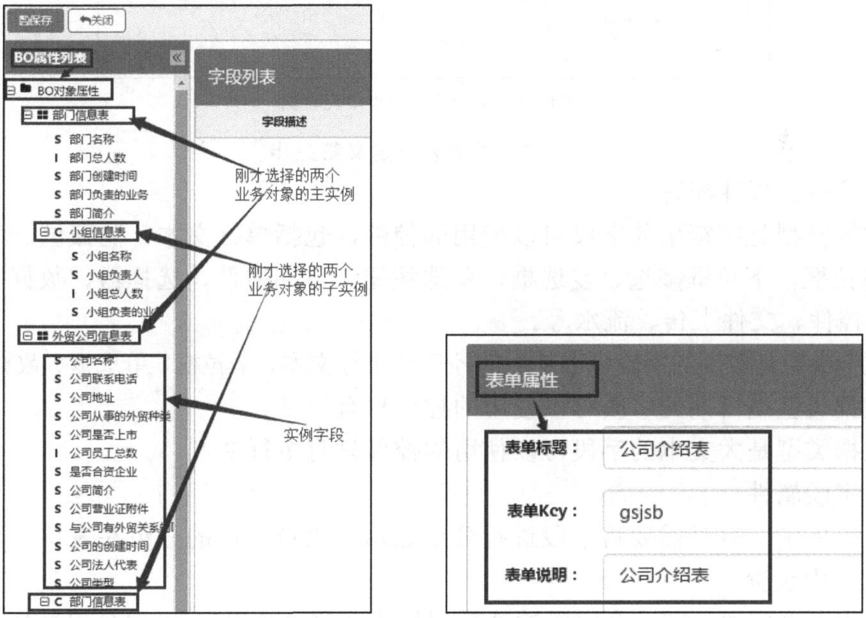

(a) 左侧 BO 属性列表　　　　(b) 右侧表单属性

图 5-13　添加表单定义第二步

单击左边“BO 属性列表”中的业务对象主实例的名称，这个业务对象的主子实例字段显示在“字段列表”中，有多个业务对象时，需要单击每个业务对象主实例的名称才可以将所有业务对象主子实例的字段都显示在“字段列表”中。

第三步：将字段添加到字段列表中后设置字段的控件和字段属性，然后单击“保存”按钮，提示保存成功，在“表单元数据定义”页面中显示刚才添加的表单元数据，如图 5-14 所示。

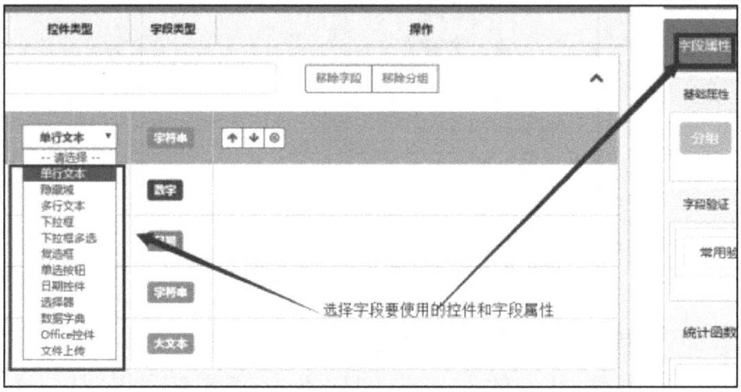

(a)设置字段控件和字段属性

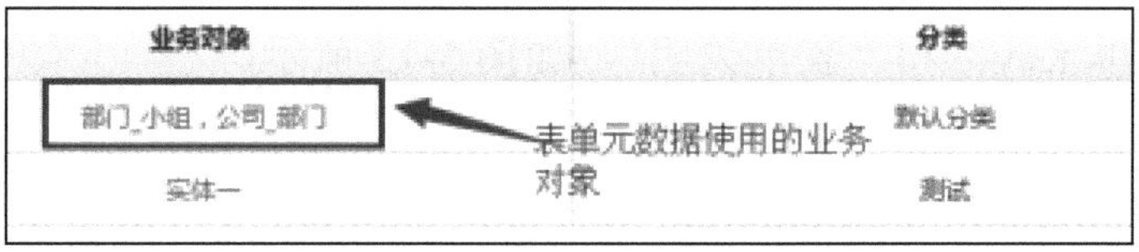

(b)保存后显示添加的表单元数据

图 5-14　添加表单定义第三步

1)控件、控件配置

数据类型是字符串的字段可以使用的控件，包括单行文本、隐藏域、多行文本、下拉框、下拉框多选、复选框、单选按钮、日期控件、选择器、数据字典、Office 控件、文件上传、流水号。

数据类型是数字的字段可以使用的控件有单行文本、下拉框、单选框、数据字典。

数据类型是日期的字段可以使用的控件只有日期。

数据类型是大文本的字段可以使用的控件只有多行文本。

2)字段属性

在表单中，有时需要将字段进行分组显示，表单字段的分组在表单元数据的基础属性中设置。

选中某个字段，在这个字段的基础属性中选择“分组”，设置分组标题，则这个字段和它后面的字段为一组。分别在字段“中学名称”“中学校长”“中学创建时间”上设置分组，如图 5-15 所示。

(a) 同一字段设置“中学名称”分组

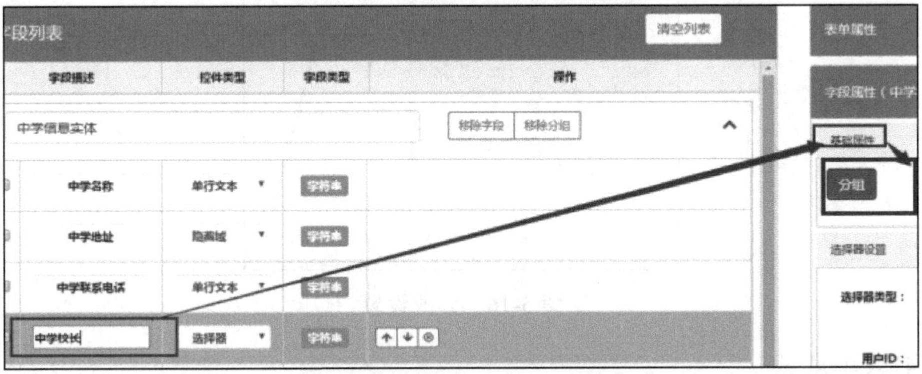

(b) 同一字段设置“中学校长”分组

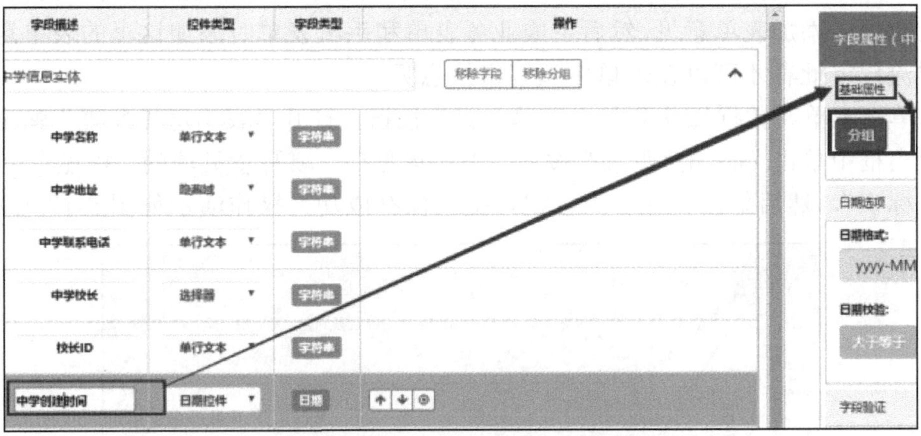

(c) 同一字段设置“中学创建时间”分组

图 5-15　字段属性设置分组

3) 设置分类

通过设置分类按钮重新设置表单元数据的分类，在“表单元数据”页面中勾选需要重新设置分类的表单元数据，然后单击“分类”按钮，选择分类后，单击“确定”按钮，提示设置成功，该表单元数据不显示在以前分类下，而是显示在刚才设置的分类下。如图 5-16 所示，将表单元数据“公司介绍表”的分类由“默认分类”改为“产品登记表单”。

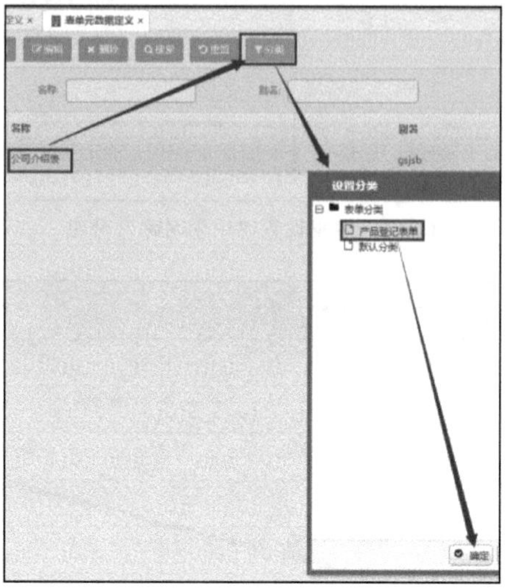

图 5-16　修改设置

4) 表单意见

当需要流程任务审批者在业务表单或者手机表单填写审核意见时，需要在表单元数据中添加表单意见，然后生成业务表单和手机表单时添加这里的表单意见，这样流程审批者才可以在表单中填写审核意见。

单击表单元数据操作列的“表单意见”按钮，打开“表单意见配置”弹出框，在弹出框中单击“添加意见项”按钮，添加意见项。填写意见项的“描述”和“意见框标识”，然后单击“保存”按钮，提示保存成功，操作演示如图 5-17 所示。

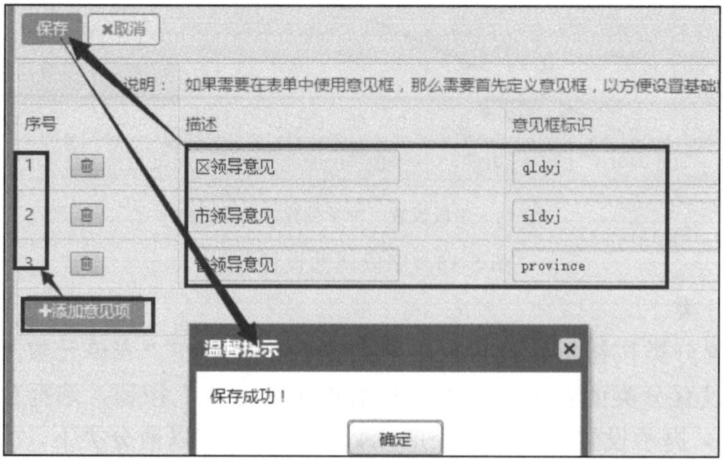

图 5-17　表单意见

单击“添加意见项”按钮，添加的意见项的“描述”和“意见框标识”是必填项，“意见框标识”取的是“描述”的首字母，可以修改。

2. 业务表单

依次进入“流程管理”→“表单管理”→“表单定义”→“业务表单”页面。

业务表单是流程可以使用的表单，在 PC 端流程启动和审批时展示，用户可以对其进行操作。要想在流程中使用表单，首先将表单绑定到流程，具体方法如下。

1) 添加业务表单

添加业务表单有三步。

第一步：在业务表单页面中单击“添加”按钮，弹出“选择表单定义”对话框，在对话框中显示在系统中已添加的表单元数据定义，选择一个表单元数据，然后单击“确定”按钮，弹出“选择表单模板”对话框，如图 5-18 所示。

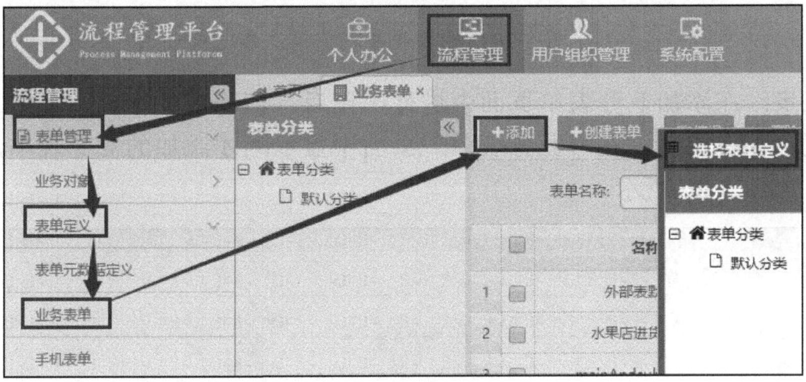

(a)打开选择表单定义

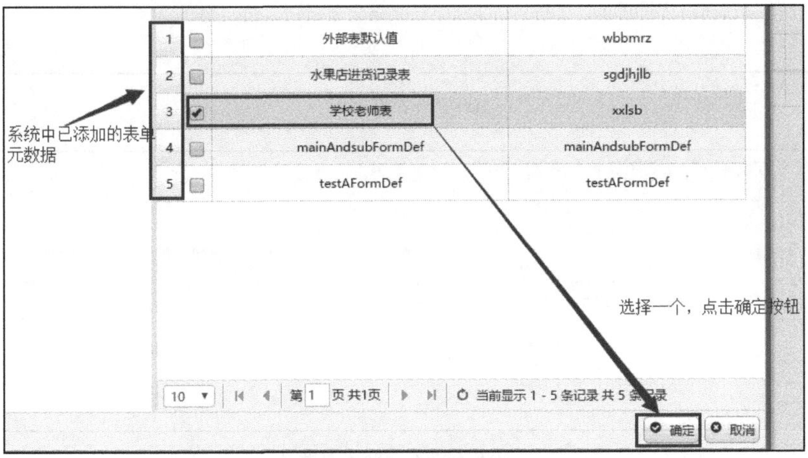

(b)从已添加的表单元数据中选择一个表单元数据

图 5-18　添加业务表单第一步

第二步：在“选择表单模板”对话框中显示选择的表单元数据的所有主表和子表，给主子表选择表单模板，然后单击“确定”按钮进入添加业务表单页面，如图 5-19 所示。

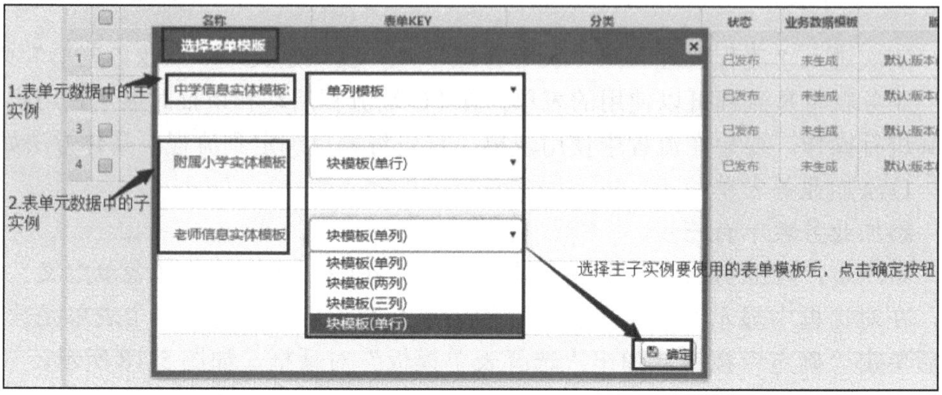

图 5-19　添加业务表单第二步

第三步：在添加业务表单页面中进行操作后，填写表单标识，单击“保存”按钮，提示保存成功，在“业务表单”页面中显示刚才添加的业务表单，状态是“草稿”，如图 5-20 所示。

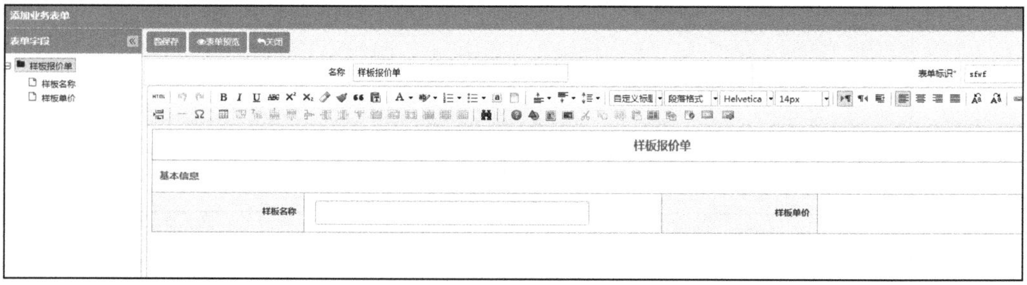

(a)填写表单标识

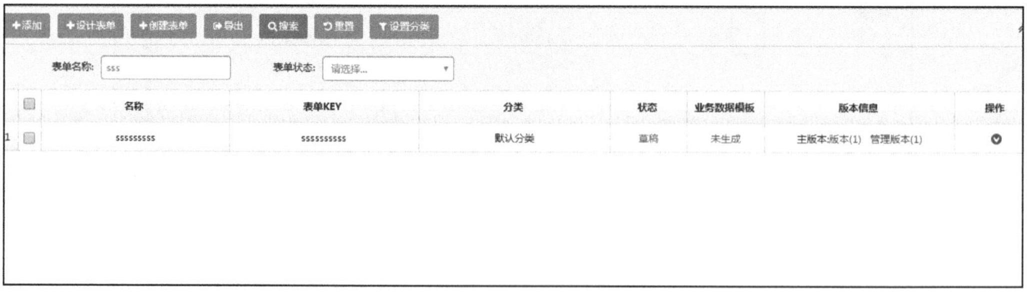

(b)添加的业务表状态是草稿

图 5-20　添加业务表单第三步

2) 发布业务表单

添加业务表单成功后，业务表单的状态是“草稿”，这样的业务表单不能绑定到流程，只有状态是“已发布”的业务表单才能绑定到流程，如图 5-21 所示。

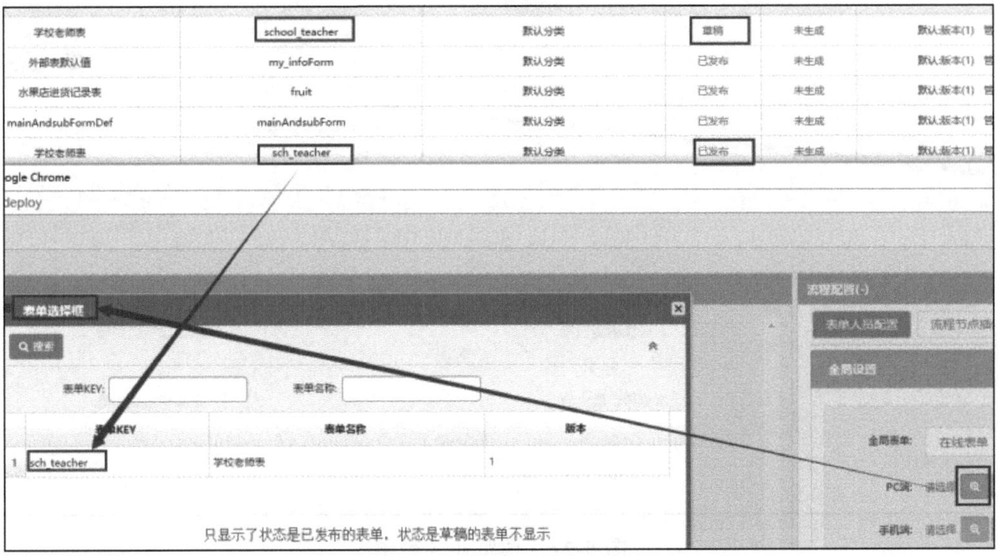

图 5-21　发布业务表单

通过操作列的“发布”按钮可以将业务表单的状态由“草稿”改为“已发布”。单击操作列的“发布”按钮，单击“确认发布”提示框中的“确定”按钮，提示发布成功，此时表单的状态变为了“已发布”。

3) 预览业务表单

在“业务表单”页面中单击操作列的“预览”按钮，预览表单当前主版本的样式和控件。在表单预览页面中，可以给字段填写内容，添加子表等，如图 5-22 所示。

4) 业务表单设置

业务表单可以有多个版本，每个版本的样式和显示的字段可以不一样，表单的不同版本使用的表单元数据定义是一样的，即都使用添加业务表单时选择的表单元数据定义。当表单有多个版本时，主版本只能有一个，在流程中使用的是表单的主版本，即在流程启动和审批流程时显示的是表单的主版本。

5) 业务数据模板

用户想查看业务表单对应的物理表中的所有数据，可以通过设置表单的业务数据模板来实现。

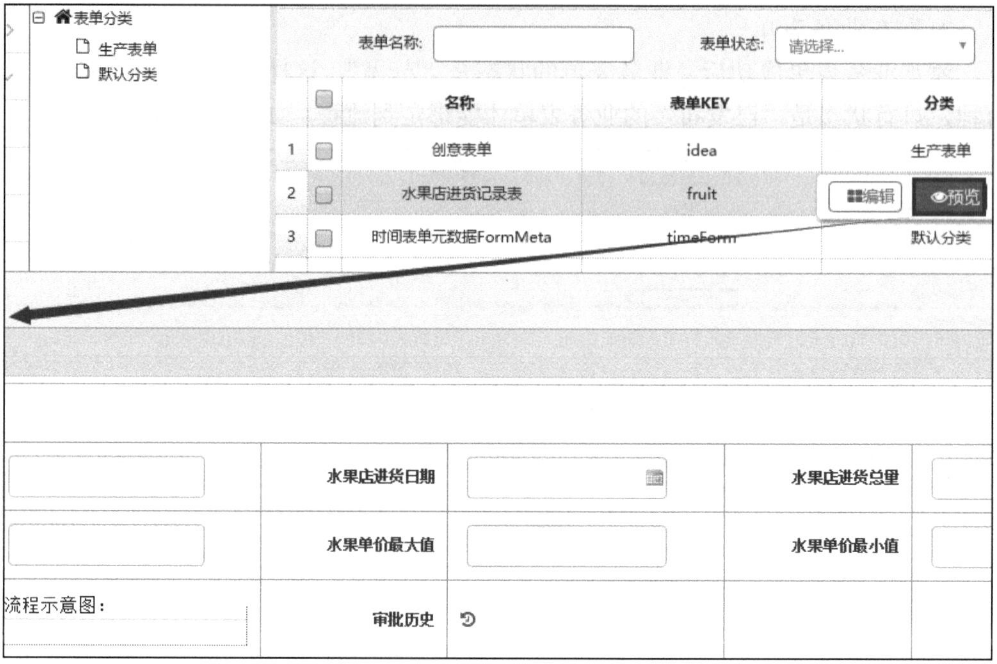

图 5-22　预览业务表单

通过设置业务表单的业务数据模板，可以实现如下需求。

(1) 不同的用户根据权限可以查看表单不同字段的数据。

(2) 用户根据搜索条件查询想要的数据。

(3) 通过业务数据模板启动流程。

(4) 通过业务数据模板给表中添加数据，修改表中的数据等。

6) 创建表单

前面讲添加业务表单主要分四步。

第一步，在“实体管理”页面中添加实体。

第二步，在“业务对象定义”页面中添加业务对象。

第三步，在“表单元数据定义”页面中添加表单元数据。

第四步，在“业务表单”页面添加表单。

现在在“业务表单”页面中提供了创建表单按钮，方便用户创建表单，用户不需要分别在这四个页面中进行操作。

7) 设计表单

设计表单步骤为，第一步在“实体管理”中添加实体，第二步在“业务对象定义”中添加业务对象，之后可直接在“业务表单”页面进行表单设计。

单击页面中的“设计表单”按钮，打开“添加表单自定义”页面，在对话框中显示在系统中已添加的表单元数据定义，选择一个表单元数据，然后单击“确定”按钮，可进入设计页面，如图 5-23 所示。

3. URL 表单

依次进入“流程管理”→“表单管理”→“表单定义”→“URL 表单”页面。

URL 表单是流程可以使用的表单，在 PC 端流程启动和审批时展示，用户可以对其进行操作。

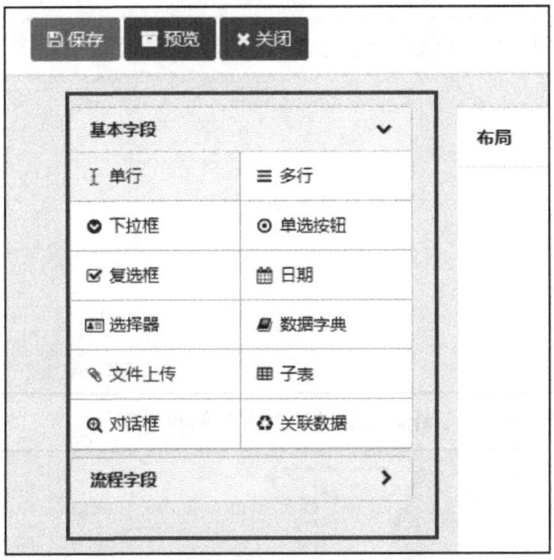

(a)工具栏选择

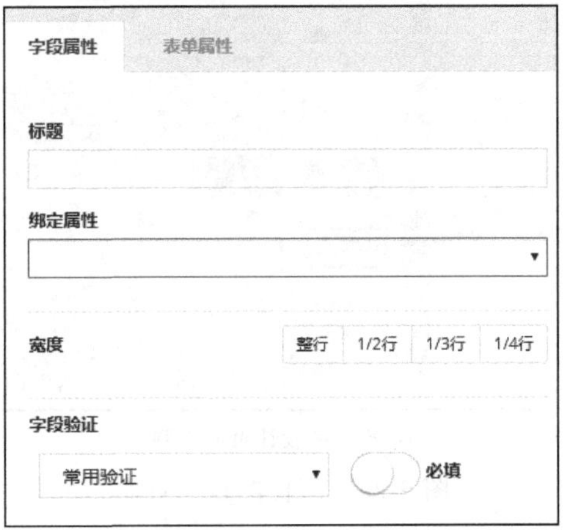

(b)设置字段和表单属性

图 5-23　设计表单

5.2.3　流程管理

1. 流程设计

在“流程列表”页面中单击“在线流程设计_Web”按钮，打开流程图设计页面。流程图设计页面分为五部分，页面上面是工具栏，页面左侧是组成流程图的元素，页面的中间是流程图编辑区域，页面的右侧是流程信息和节点信息，如图 5-24 所示。

(a)流程图设计页面左侧和中间

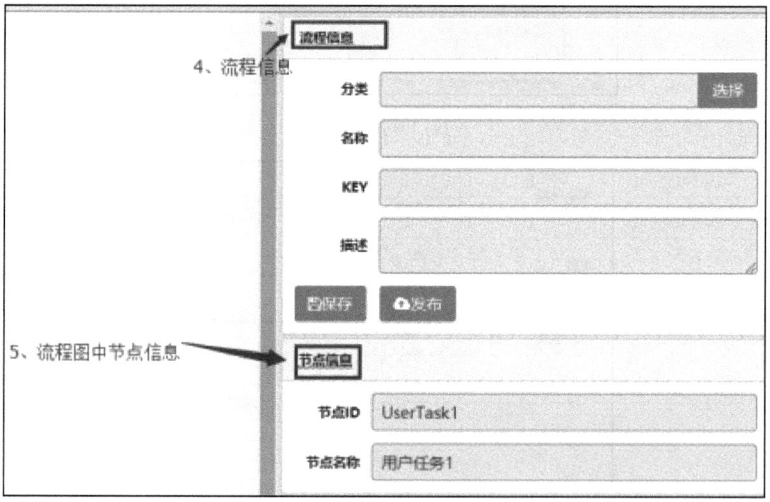

(b)流程图设计页面右侧

图 5-24　流程图设计页面

1) 工具栏

工具栏中每个工具的用途从左到右依次是剪切、复制、粘贴、删除；重做、撤销；水平对齐、垂直对齐、相同大小；放大、缩小、缩放到实际大小、缩放到适合；给连线添加拐点、删除连线的拐点。

2)流程图组成元素

流程图的组成元素有开始、结束事件，有任务，有网关和泳池泳道，任务有人工任务和自动任务，人工任务是需要人工处理的任务，例如，用户任务、会签任务，自动任务是不需要人工干预的任务，有服务任务、脚本任务、消息任务。

以下是对流程图的每个元素的说明。

(1)开始节点：开始节点代表着流程的开始，每个流程图必须有开始节点，并且只能有一个。

(2)结束节点：结束节点代表着流程的结束，每个流程图可以有多个结束节点。

(3)用户任务：普通用户任务。

(4)会签任务：会签任务是需要多个人员来审批的任务，在“流程设置”页面中设置会签节点规则后，会签节点根据会签规则得出通过或者反对的投票结果，可以根据投票结果决定流程走向哪条分支。

(5)脚本任务：用来执行 Java 脚本。

(6)消息任务：用来发送邮件、短信、站内消息，消息内容用户可以自己编辑。

(7)外部子流程：使用其他已发布的流程作为当前流程的外部子流程，外部子流程可以单实例，也可以多实例。

(8)内部子流程：流程的内部子流程的流程图需要用户自己设计，内部子流程可以多实例，也可以单实例。

(9)分支网关：分支网关根据设置的分支网关条件选择流程要走的分支。

(10)同步网关：同步网关需要成对使用，同步网关中的所有分支都会执行，只有同步网关中的所有分支都被处理后，流程才可以通过同步网关走向下一个节点。

(11)条件同步网关：条件同步网关必须要成对使用，与同步网关不同的是，同步网关中的每条分支都会执行，条件同步网关是根据设置的条件选择走哪条分支，可能是多条分支也可能是一条分支，若走多条分支则每条分支都执行完后流程才能通过条件同步网关走向下一个节点。若没有设置条件同步网关的条件，则所有分支都要执行。

(12)水平泳道：用来水平区分不同角色的任务区域，使流程图看起来整齐、规范。

3)流程图编辑区域

将左边的流程图元素拖到流程图编辑区域设计成符合自己需要的流程图，双击流程图元素和连线，修改元素和连线的名称，元素可以称为节点，也可以在页面右边的“节点信息”中修改节点和连线名称，如图 5-25 所示。

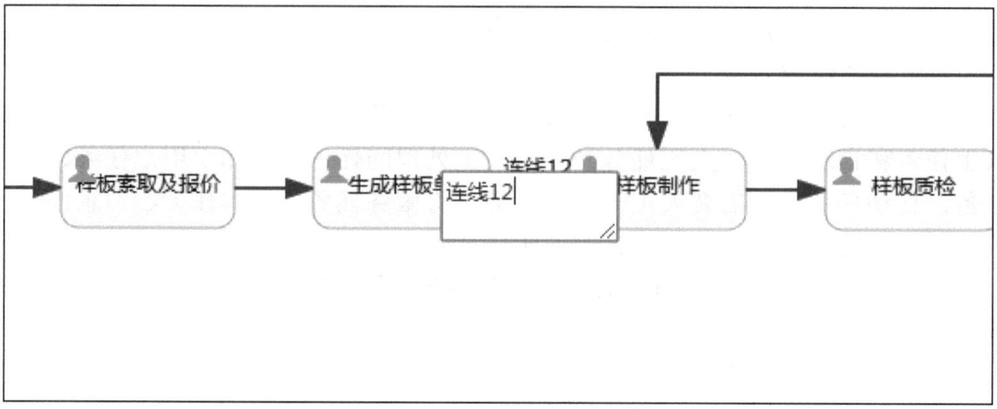

图 5-25　流程图编辑示例

4) 节点信息

在“节点信息”页面中可以进行的操作只有修改节点 ID 和节点名称。节点信息的元素有开始事件、结束事件，用户任务。服务任务、脚本任务、消息任务，分支、同步、条件同步网关，泳池和泳道。对于元素会签任务、内部子流程、外部子流程，除了可以修改节点 ID 和节点名称，还要进行其他设置。

5) 流程信息

画完流程图后，在页面的右边填写流程信息后才可以保存或者发布流程，在流程信息中，流程所属分类、流程名称、流程 KEY 是必填的，流程 KEY 只能包含字母、数字、下划线，并且只能以字母或者下划线开头。

2. 流程发布

填写流程信息后，单击“发布”按钮，提示流程发布成功，在“流程列表”页面中显示，如图 5-26 所示。

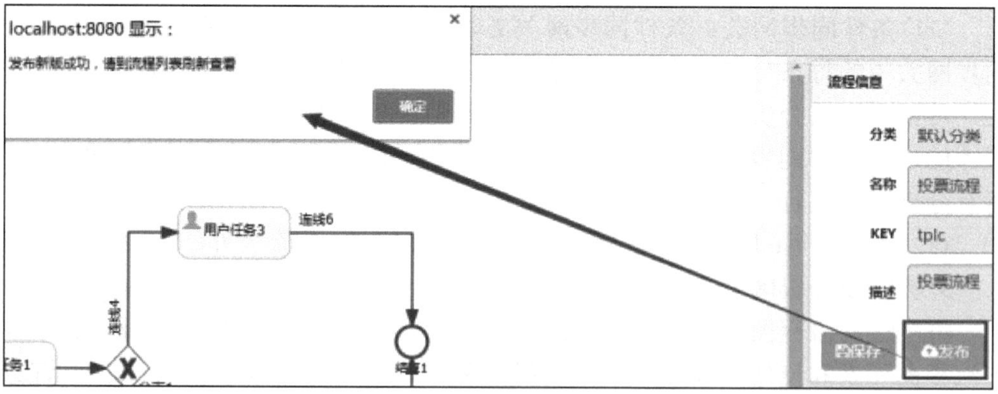

图 5-26　流程发布成功提示

3. 流程配置

流程发布后，需要对流程进行配置，流程才可以按照人的意图往下流转。单击状态是“已发布”的流程操作列的“配置”按钮。在“流程配置”页面中主要是进行流程表单人员的配置和流程节点插件的配置，如图 5-27 所示。

图 5-27　流程配置

4. 流程启动

流程创建并发布成功，配置完流程进行启动。将鼠标放到流程列表操作列的“更多操作”按钮上，在下拉菜单中单击“启动”按钮，如图 5-28 所示，用于启动流程，打开“流程启动”页面。

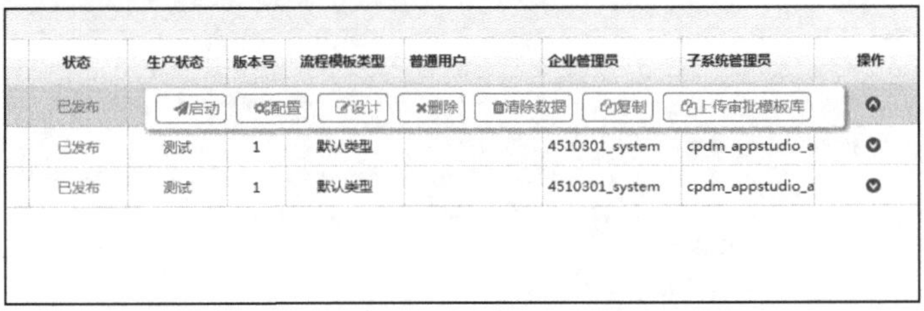

图 5-28　流程启动

5.2.4　个人办公

1. 流程事项

1) 待办事项

流程启动后，流程节点的待办人登录开发者中心进行流程的办理。单击“流程事项”中的“待办事项”展示待办事项，单击“待办事项”中的标题，进入流程任务办理页面，如图 5-29 所示。

	标题	流程名称	任务名称
1	测试状态 -- 测试在2017-06-07发起资产变更单	资产变更单	创建变更单
2	系统管理员在2017-06-07发起请假流程	请假流程	用户任务1
3	测试状态 -- 系统管理员在2017-06-06发起打卡补签	打卡补签	用户任务1
4	测试状态 -- 系统管理员在2017-06-01发起打卡补签	打卡补签	用户任务1
5	测试状态 -- 系统管理员在2017-06-01发起打卡补签	打卡补签	用户任务1
6	测试状态 -- 系统管理员在2017-06-01发起打卡补签	打卡补签	用户任务1
7	测试状态 -- 系统管理员在2017-06-01发起打卡补签	打卡补签	用户任务1
8	测试状态 -- 系统管理员在2017-06-01发起打卡补签	打卡补签	用户任务1
9	测试状态 -- 系统管理员在2017-06-01发起打卡补签	打卡补签	用户任务1
10	测试状态 -- 系统管理员在2017-06-01发起打卡补签	打卡补签	用户任务1

图 5-29　待办事项

单击一条待办事项，进入到待办事项的详情页面，页面顶部的按钮由用户在流程中自定义设置，可根据实际情况进行操作，如图 5-30 所示。

图 5-30　待办事项详情页面

2) 已办事项

流程办理完成后，单击进入“已办事项”选项，查看流程的详细信息，如图 5-31 所示。

图 5-31　查看已办事项

3) 办结事项

在“办结事项”中可以输入请求标题、流程名称、选择流程状态或者创建的时间段，单击“搜索”按钮检索出想要的办结事项，如图 5-32 所示。

标题	流程名称
测试状态 -- 系统管理员在2017-05-31发起打卡补签	打卡补签
测试状态 -- 系统管理员在2017-05-26发起打卡补签	打卡补签
测试状态 -- 系统管理员在2017-05-26发起打卡补签	打卡补签
测试状态 -- 系统管理员在2017-05-26发起打卡补签	打卡补签
测试状态 -- 系统管理员在2017-05-26发起打卡补签	打卡补签
测试状态 -- 系统管理员在2017-05-26发起打卡补签	打卡补签
测试状态 -- 系统管理员在2017-05-26发起打卡补签	打卡补签

图 5-32　查看办结事项

4) 抄送转发事宜

在“抄送转发事宜”中可以输入请求标题、选择类型、是否已读、创建时间条件，单击“搜索”按钮检索出其他用户转发或者抄送给自己的流程事项，如图 5-33 所示。

标题	抄送转发人
测试状态 -- 系统管理员在2017-05-26发起打卡补签	张三
测试状态 -- 系统管理员在2017-05-16发起资产变更单	张三
测试状态 -- 系统管理员在2017-05-16发起资产变更单	张三
测试状态 -- 系统管理员在2017-05-16发起资产变更单	张三
测试状态 -- 系统管理员在2017-05-16发起资产变更单	张三

图 5-33　查看抄送转发事项

5）我发起的事项

新建流程即发起一个新的流程，单击“新建流程”按钮，列表中将会出现个人拥有权限的流程，可输入流程名称条件进行查找，也可以根据流程的分类进行筛选，如图 5-34 所示。

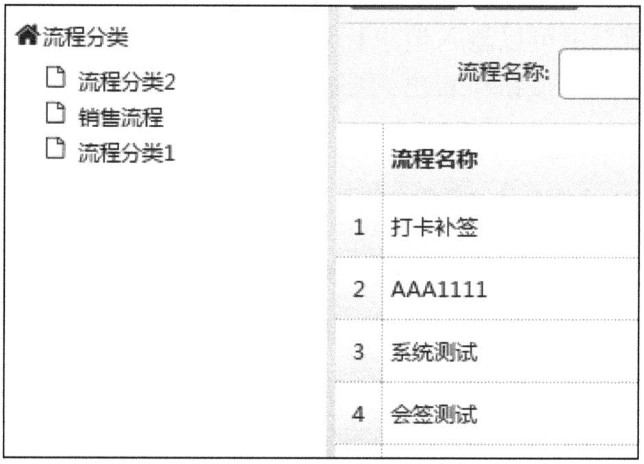

图 5-34　我发起的事项

单击一个流程的名称后会弹出此流程的详细页面，流程的详细页面由用户自定义完成；输入参数以后单击“启动”按钮，可以启动流程；单击“流程图”按钮，可以查看此流程的整个流转路径；单击“保存”按钮，此流程的数据将保存到“我的草稿”中。

2. 内部消息

在“收到的消息”页面中可以输入请求标题、选择消息类型、发起的时间段或者是否已读，单击“搜索”按钮来检索出想查看的消息；单击“重置”按钮可以清除输入的条件；勾选某一条消息，单击“删除”按钮可删除消息，单击“标记为已读”按钮可将未读消息标记为已读。

5.3　典型应用场景和应用案例

5.3.1　典型应用场景

流程建模工具对于以下两类场景有着最佳实践的意义。

1. 单业务系统流程优化

对于单个业务系统中业务流程变更、复杂流程设计可通过流程建模工具实现，减少开发成本。

2. 多业务系统间流程处理

企业内部存在多个业务系统，业务系统之间需要进行流程流转时，可通过流程建模工具实现在线流程设计，实现流程管理与业务管理分离，打破业务系统间流程流转的壁垒。

5.3.2　应用案例

中国航天科工集团有限公司下属某军工企业内部有搭建计量审批系统的需求，因业务特殊性需要在尽量短的时间内快速搭建完成。由于传统的开发时间长，并且涉及业务保密，不能随意地选择外协的方式，所以考虑选择应用流程建模工具自行快速完成。

在使用了流程建模工具后，他们仅用三天时间就完成了内部计量审批系统的搭建，完成了设备存封流程、靶场计量申请流程、设备报废流程等若干流程的设置及应用。并且因为产品拖拽式操作，无须编写代码，他们仅依靠几个普通技术人员参照着用户手册就完成了整个搭建过程。某企业应用流程建模工具的应用案例如图 5-35 所示。

在线上完成搭建并试用后，这家公司对使用效果非常满意。于是出于数据安全与保密考虑，他们又采购了一套流程建模工具，用于企业内网的独立部署。在应用几个月后，他们表示应用稳定，完全能够满足企业所需。

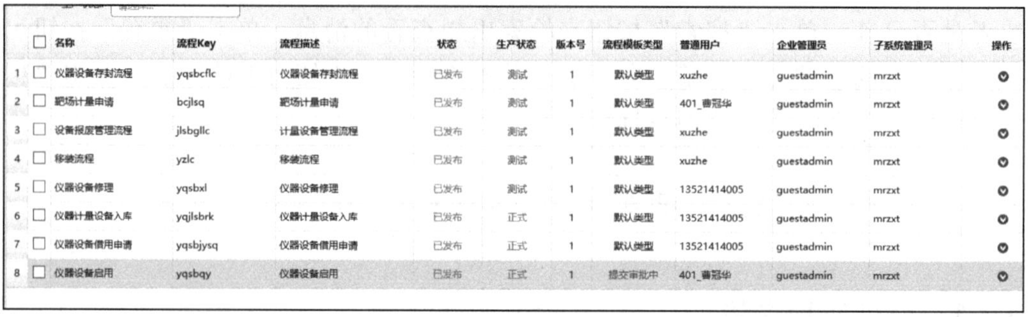

	名称	流程Key	流程描述	状态	生产状态	版本号	流程模板类型	普通用户	企业管理员	子系统管理员	操作
1	仪器设备存封流程	yqsbcflc	仪器设备存封流程	已发布	测试	1	默认类型	xuzhe	guestadmin	mrzxt	
2	靶场计量申请	bcjlsq	靶场计量申请	已发布	测试	1	默认类型	401_曹冠华	guestadmin	mrzxt	
3	设备报废管理流程	jlsbgllc	计量设备管理流程	已发布	测试	1	默认类型	xuzhe	guestadmin	mrzxt	
4	移装流程	yzlc	移装流程	已发布	测试	1	默认类型	xuzhe	guestadmin	mrzxt	
5	仪器设备修理	yqsbxl	仪器设备修理	已发布	测试	1	默认类型	13521414005	guestadmin	mrzxt	
6	仪器计量设备入库	yqjlsbrk	仪器计量设备入库	已发布	正式	1	默认类型	13521414005	guestadmin	mrzxt	
7	仪器设备借用申请	yqsbjysq	仪器设备借用申请	已发布	正式	1	默认类型	13521414005	guestadmin	mrzxt	
8	仪器设备启用	yqsbqy	仪器设备启用	已发布	正式	1	提交审批中	401_曹冠华	guestadmin	mrzxt	

图 5-35　某企业应用案例

第 6 章　组态建模工具

组态建模工具将设备进行模型化管理，提供可视化展示平台，为企业管理与监测提供有效支持，提供强大的事件编辑器，不写任何代码，即可开发出非常复杂的交互人机界面。组态建模提供基于 Web 代码的编辑器，支持代码高亮、函数结构预览、自动提示等桌面 IDE 都难以达到的功能，通过提供逼真的动画效果，优化前后端数据，跨广域网的 Web 应用动画的刷新间隔小于 1s。此外，组态建模工具还提供实时数据的在线查询，支持历史数据和报警显示功能。

6.1　功 能 介 绍

组态建模工具主要包括工程管理、画面编辑、脚本、数据源管理、数据绑定等功能。

1. 工程管理功能

工程管理功能可以新建模型管理工程并进行管理。

2. 画面编辑功能

画面编辑功能可拖拽操作界面，提供标准化图元，支持多种自定义操作。

3. 脚本功能

脚本功能支持在线代码编辑功能，以及文件结构预览。

4. 数据源管理功能

数据源管理功能支持 MySQL、SQL Sever 等多种常见数据源的管理。

5. 数据绑定功能

数据绑定功能对数据源可视化进行绑定，并进行数据回写。

6.2　快 速 应 用

6.2.1　创建型号模型

单击“创建模型”按钮，进行模型创建，如图 6-1 所示。

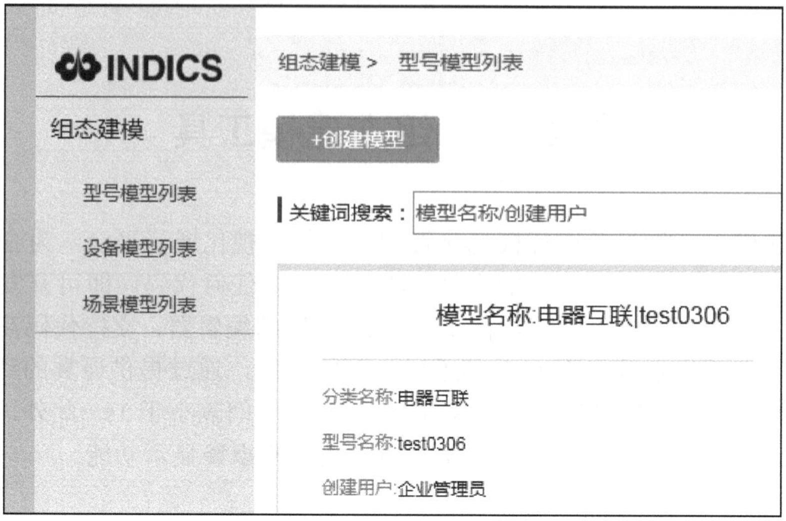

图 6-1　创建模型

单击“模型名称”，选择设备型号，如图 6-2 所示。设备型号数据来自 INDICS 平台物接入产品中创建的设备型号。

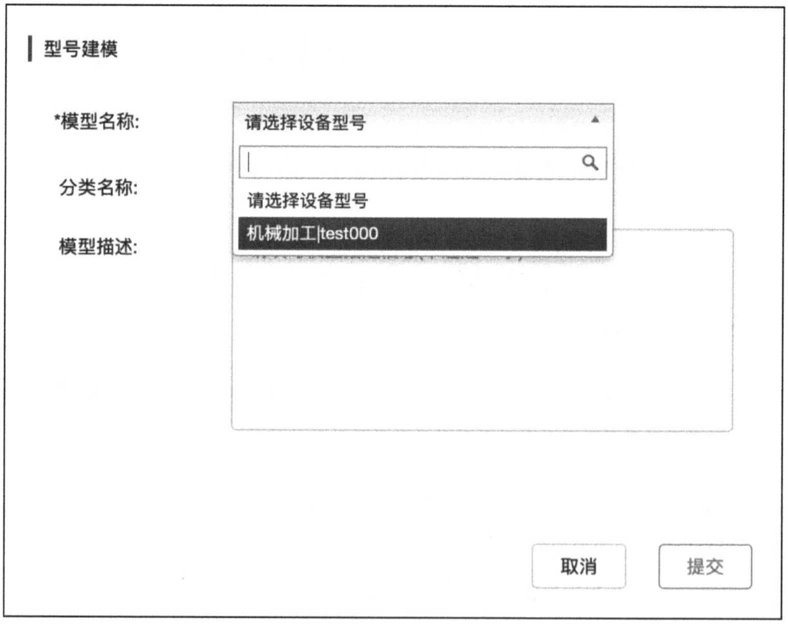

图 6-2　选择设备型号

单击“提交”按钮，进入组件配置页面，如图 6-3 所示。

图 6-3　组件配置页面

进行组件设计(详情参照后续组件操作流程部分)，单击“保存画面”按钮，保存组态建模设计。

6.2.2　布局处理

进入画布进行简单的布局处理、文字注释以及相应的数据标注，如图 6-4 所示。

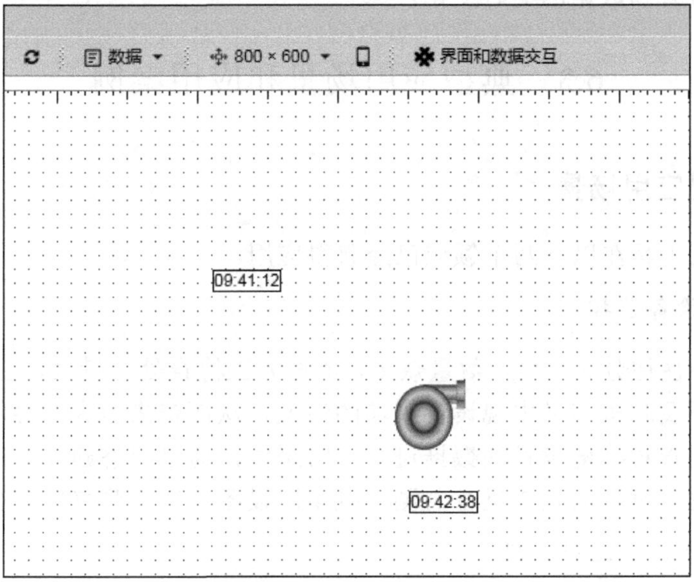

图 6-4　布局处理

6.2.3　绑定数据设备

把相关的数据与设备的采集点进行绑定，保存画面，如图 6-5 所示。

图 6-5　绑定数据设备

6.2.4　调试运行

单击“调试运行”按钮，即可对型号模型的运行状态进行预览，若有数据传入采集点则可看到数据的实时变化。

6.3　典型应用场景和应用案例

6.3.1　典型应用场景

组态建模工具在以下两个领域已经获得应用。

1. 冷链设备监控

冷链设备往往分布广泛、数量众多，依靠人工检查处理量大，且维护成本高。若监控检修不及时极容易出现设备损坏的情况，从而带来巨大的经济损失。组态建模能通过网管对冷链设备的数据进行实时采集，通过组态建模中的场景模型建设，能及时地对设备的状态进行监测，减少因设备损坏而带来的损失。

2. 电机车床的运行状况

生产过程中的数据往往种类繁多且数量庞大，若进行人工记录及导出，不仅耗时长，而且人工成本高，不易进行更进一步的分析处理。通过网关把数据导入到组态建模中不仅可以及时地对设备进行监控，而且在后续更容易对数据进行更进一步的分析及处理。

6.3.2　应用案例

广东欧科空调(EK 空调)制冷有限公司(以下简称欧科空调)作为中国航天科工集团与 EUROKLIMAT 集团在中国的合资工厂，是 EUROKLIMAT 集团在亚洲的研发、制造基地和销售服务机构。欧科空调始终将舒适节能的产品理念融入产品的研发、制造、服务过程中，产品涵盖水冷冷水机组、风冷冷水(热泵)机组、水(地)源热泵机组、热水机组、多联式空调机组、单元式空调机、空调末端和精密空调等。

欧科空调通过 INDICS 平台的设备接入工具将企业内水冷冷水机组、风冷冷水(热泵)机组等设备接入到平台后，“远程、可视化地监控机组的实时状态”成为其需要达成的目标之一。

借助组态建模工具，企业高效地利用平台接入的设备数据，拖拽搭建成模型，在几个小时内就快速搭建完成首个机组的模型，如图 6-6 所示。此后又完成了数十个机组模型的搭建。

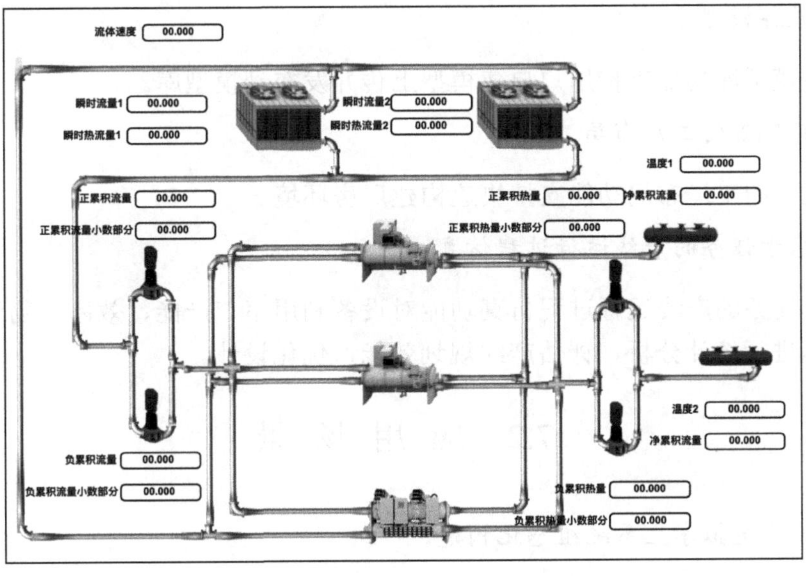

图 6-6　欧科空调应用案例

组态建模工具的成功应用，让企业的管理人员和设备监控人员能够实时监控设备的热量、流速等实时数值和累积数值，同时也便于设备人员快速地维护设备。

第 7 章　产线仿真建模工具

产线仿真建模利用虚拟现实 VR 技术、计算机仿真建模技术，对离散制造行业工厂中生产全要素(人、机、物、法、环)进行抽象行为规则虚拟仿真建模，构建与实际工厂中物理环境、生产能力和生产过程完全对应的虚拟制造系统，在打通数据链条的基础上，对接物理生产线、信息化系统实时数据，实现虚拟工厂数字孪生(digital-twin)系统的构建和运行。支撑用户产线规划、车间生产和运营服务等阶段的监控、仿真和分析。实现基于 CPS 的海量实时数据的可视化管理和分析统计，进而实现智能制造企业的生产过程智能诊断和优化。

7.1　功能介绍

产线仿真建模工具主要包括设备模型库、可配置的工厂布局、基于任务的产线运行过程仿真等功能。

1. 设备模型库

设备模型库功能支持用户自建模型上传并发布到模型库。

2. 可配置的工厂布局

可配置的工厂布局功能支持快速构建厂房环境。

3. 基于任务的产线运行过程仿真

基于任务的产线运行过程仿真功能对设备利用率、产能、效率、物流等各项生产指标进行统计分析，评估产线规划效能，优化设计。

7.2　应用场景

1. 产线虚拟孪生系统组态化构建

基于产品成熟的行业模型库，以实际的生产工艺和经验数据进行生产流程、工序加工参数、产品加工质量水平、设备故障参数、检测工艺参数等仿真流程和仿真属性输入数据的配置，完成整个产线孪生仿真模型的快速搭建。

2. 生产线仿真优化

基于生产线仿真优化，可实现产线设计及改造方案验证分析及优化、生产计划合理性分析、生产周期及生产产能达标分析、生产物流配送路径及配送策略优化验证。

(1) 工厂布局仿真：新建产线/旧产线改造阶段，辅助进行布局规划，可支持对设计方案进行仿真验证。

(2) 生产流程仿真：对现有工艺/工艺设计方案进行仿真验证分析，找出现有工艺/工艺设计方案存在的(如瓶颈、生产不平衡等)问题。模拟生产过程中的故障问题、质量问题对生产产能和生产任务周期的影响等。依据生产线现有能力，对生产订单任务进行仿真运行，预估生产订单周期，验证生产计划合理性。

(3) 物流仿真：支撑对生产物流系统的运输路径、配送策略、物流小车运输能力的辅助规划和仿真优化分析。

3. 生产过程透明化管理

(1) 企业生产能力展示：实现对企业生产能力和运行情况的异地展示，方便各级管理者和客户快捷地了解车间和设备生产能力的情况。

(2) 生产实时运行管理：基于“数字孪生”的概念，通过接入 ERP、MES、DNC 等工业信息系统和工业控制系统，将设备的数据采集进入虚拟工厂，使虚拟工厂的设备状态与真实生产状态完全一致，用户在虚拟工厂的环境中，能够获取实际设备的工作状态、加工数据、生产加工任务等信息。

(3) 远程的生产实时监控：远程监控管理，在虚拟工厂的环境中集成监控视频，对生产现场进行直接监控，将车间生产的实时状况在三维场景中进行显示。

(4) 关键指标监控和过程能力评估：基于生产现状建立关键设备参数、检验指标的监控策略，实现稳定并不断优化的生产过程，提前发现生产过程中存在的问题，并以此为输入进行仿真分析，支持生产管理人员在应对生产问题时做出准确的决策响应，并通过调整响应生产系数，反馈控制物理生产线实现产线生产的迭代优化，降低生产损失。

7.3 快速应用

7.3.1 应用概览

1. 系统主页

用户登录成功后进入产线仿真建模首页，此页面可创建或进入新的虚拟工厂，管理已创建虚拟工厂，并且可浏览所有用户已发布的虚拟工厂。系统主页界面如图 7-1 所示。

图 7-1　系统主页界面

在产线仿真建模首页，单击“创建产线仿真模型”按钮，弹出“新建产线仿真模型”弹出框。在弹出框中输入模型名称，选择所属区域、所属行业，并进行权限设置，既可保存并创建仿真模型，也可先保存之后再进行编辑。创建产线仿真模型如图 7-2 所示。

图 7-2　创建产线仿真模型

在产线仿真建模首页，单击“浏览虚拟工厂”按钮，进入入驻企业页面，从次连接进入默认为生产阶段的工厂，如图 7-3 所示。

图 7-3　浏览虚拟工厂

2. 我的企业

在首页中单击“我的企业”按钮可以进入仿真模型管理列表。在此页面可以看到用户已经创建好并保存的产线仿真模型列表，在此列表对产线仿真模型进行管理。查看我的企业产线仿真模型如图 7-4 所示。

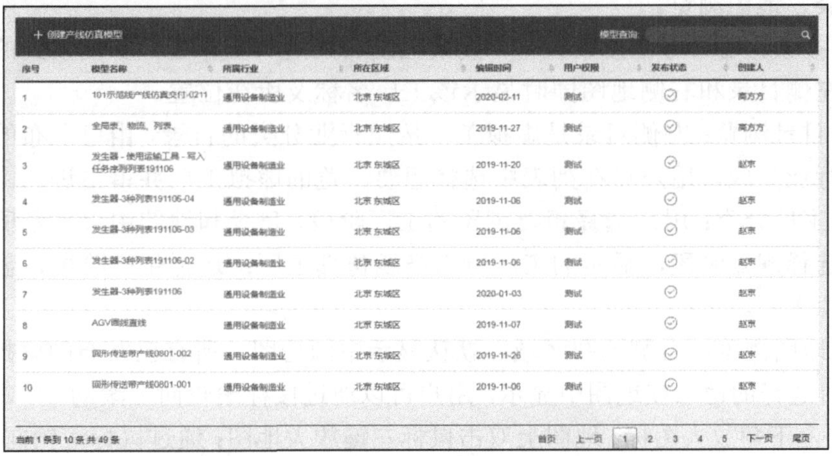

+ 创建产线仿真模型　　模型查询:

序号	模型名称	所属行业	所在区域	编辑时间	用户权限	发布状态	创建人
1	101示范线产线仿真交付-0211	通用设备制造业	北京 东城区	2020-02-11	测试		高方方
2	全局表、物流、列表、	通用设备制造业	北京 东城区	2019-11-27	测试		高方方
3	发生器 - 使用运输工具 - 写入任务序列列表191106	通用设备制造业	北京 东城区	2019-11-20	测试		赵京
4	发生器-3种列表191106-04	通用设备制造业	北京 东城区	2019-11-06	测试		赵京
5	发生器-3种列表191106-03	通用设备制造业	北京 东城区	2019-11-06	测试		赵京
6	发生器-3种列表191106-02	通用设备制造业	北京 东城区	2019-11-06	测试		赵京
7	发生器-3种列表191106	通用设备制造业	北京 东城区	2020-01-03	测试		赵京
8	AGV圆线直线	通用设备制造业	北京 东城区	2019-11-07	测试		赵京
9	圆形传送带产线0801-002	通用设备制造业	北京 东城区	2019-11-26	测试		赵京
10	圆形传送带产线0801-001	通用设备制造业	北京 东城区	2019-11-06	测试		赵京

当前 1 条到 10 条 共 49 条　　首页 上一页 1 2 3 4 5 下一页 尾页

图 7-4　查看我的企业产线仿真模型

单击“创建项目组”按钮，在弹出菜单中输入项目组名称，在企业成员列表中搜索或选择需要添加至项目组的成员，添加至右侧项目成员表并确定，即可创建新的项目组。项目组维护如图 7-5 所示。

图 7-5　项目组维护

3. 入驻企业

浏览入驻企业如图 7-6 所示。虚拟工厂分为四部分内容：搜索、目录浏览、工厂分类、地图浏览。

(1) 搜索：用户可在搜索栏中，搜索已发布的所有虚拟工厂。搜索到的虚拟工厂会在左侧目录和右侧地图同时显示该工厂名称及所在位置。

(2) 目录浏览：左侧目录是虚拟工厂按照行业分类的目录，由已发布的虚拟工厂所属行业生成。用户可在列表中选择想要浏览的虚拟工厂并单击进入。

(3) 工厂分类：用户选择想要浏览的工厂阶段，目录和地图中仅显示所对应的工厂。选择规划阶段，显示的工厂皆为产线仿真工厂；选择生产阶段，显示工厂皆为虚拟工厂。

(4) 地图浏览：右侧地图区域，默认显示中国地图，所有已发布的虚拟工厂会按创建时选择的地点在地图中显示，用户可以通过鼠标滚轮向上滚动、单击区域名称、单击左下角放大图标、地图上双击鼠标左键放大地图；通过鼠标滚轮向下滚动、单击左下角缩小图标缩小地图。选择想要浏览的虚拟工厂并单击进入。

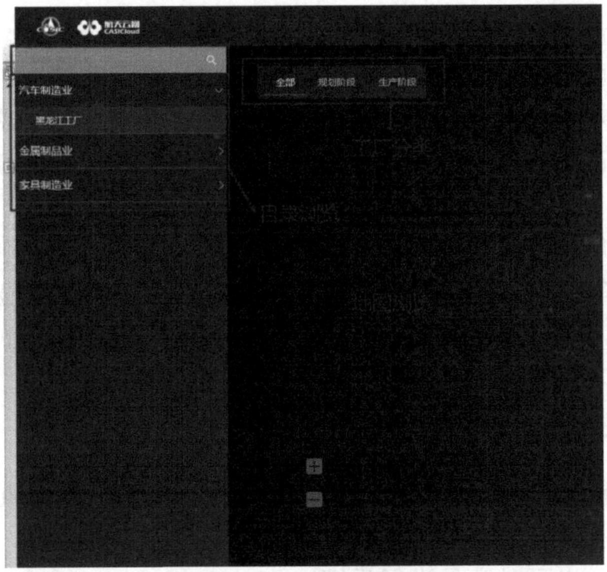

图 7-6　浏览入驻企业

7.3.2　后台管理

1. *产线仿真设计*

1) 新建厂房

在产线仿真设计页面，单击“创建产线仿真”按钮，弹出新建工厂弹出框。在弹出框中输入工厂名称，选择所属区域、所属行业，并进行权限设置，既可保存并创建产线仿真，也可先保存之后再进行创建。

2) 创建项目组

在产线仿真设计页面左侧列表中，选择“协同小组”可创建、编辑、管理项目组。单击“创建项目组”按钮，在弹出菜单中输入项目组名称，在企业成员列表中搜索或选择需要添加至项目组的成员，添加至右侧项目成员表并确定即可创建新的项目组。

3) 产线仿真管理

在产线仿真设计页面可以看到用户已经创建好并保存的产线仿真列表，在此列表可对当前已有工厂进行管理。单击工厂名称可直接进入该产线仿真；单击右侧属性信息，在下弹页面中可修改该工厂属性。

在右上角搜索栏中，可对产线仿真列表中的工厂名称、所属行业、所在区域、编辑时间、创建时间、用户选权限、发布状态等文字信息进行搜索。搜索后，工厂列表仅显示搜索结果工厂信息。搜索后，搜索框中的关键字后方显示“清除”图标，单击后清空搜索结果，恢复默认列表。

4) 项目组的管理

在协同小组页面可以看到用户已经创建或加入的项目组，在此列表可对当前已创建或加入的项目组进行管理。单击需要管理的项目组名称或对应属性，会在下拉菜单中显示该项目组的详细信息，用户可以单击对该用户组的成员、属性等内容进行编辑。

在页面右上角的搜索框中，可对项目组列表中的项目组名称、创建时间、编辑时间、创建者等文字信息进行搜索。搜索后，项目组列表仅显示搜索结果项目组信息。搜索后，搜索框中的关键字后方显示“清除”图标，单击后清空搜索结果，恢复默认列表。

2. 产线仿真帮助

在产线仿真设计左侧栏中，用户可单击“用户帮助”按钮查看产线仿真使用的详细帮助，在新打开窗口中可查看产品使用说明、视频教学、常见问题及解决方法等使用帮助，也可对意见进行反馈。

7.3.3 模式和视图切换

(1) 模式切换：单击“模式切换”按钮可以切换编辑模式或浏览模式。

(2) 视图切换：单击“切换视图”按钮可以切换第一人称或俯视两种视角。

7.3.4 仿真产线搭建

1. 设备设施创建

1) 设备创建

打开左侧设备创建面板，选择需要添加的设备类型，打开后出现该类设备的缩略图，双击所需要的设备后，设备会跟随鼠标移动并伴有闪烁，在厂房中选择合适位置后单击确认，在空白处再次单击则取消对设备的选中效果。设备创建如图 7-7 所示。

图 7-7　设备创建

2) 设施创建

在左侧创建面板中，可选择厂房中设施的创建，包含护栏、仓库、机柜电箱、消防四个选项，选择想要创建的设施进行添加，创建与添加方法与设备的添加同理。需要注意的是，此处的护栏分为高、矮两个选项，选择后需要再次在弹窗中选择护栏的颜色(黄、白、蓝、红)进行创建。设施创建如图 7-8 所示。

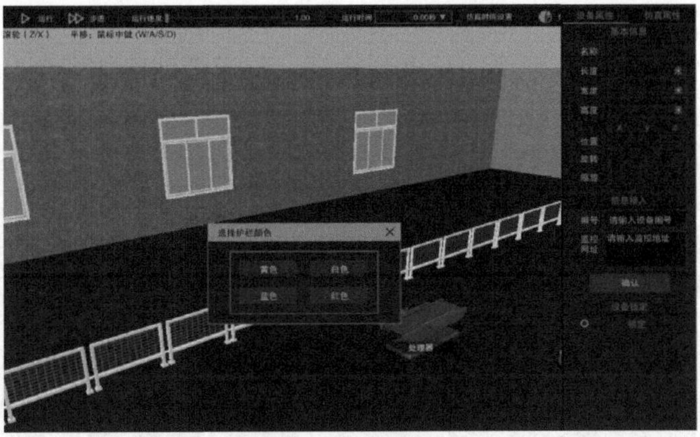

图 7-8　设施创建

3) 动态货架创建

在左侧创建面板中，设施中仓库选项包含货架，货架的创建可以根据需求调整货架的外观尺寸(高度与长度，宽度默认为 1m 不可编辑)及容量等仿真属性，创建方法与其他设施的创建相同，选择好合适位置后，在货架被选中的状态下，可在右侧设备属性中根据需求输入长度与高度的数值，对当前货架的外形尺寸进行编辑。单击右侧仿真属性后可修改货架用于仿真计算的容量参数。动态货架创建如图 7-9 所示。

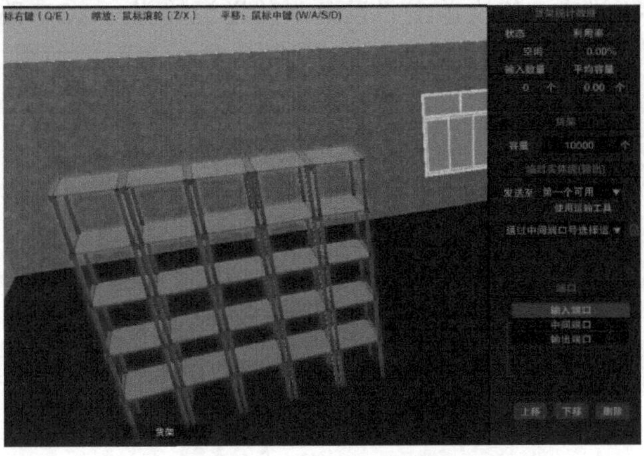

图 7-9　动态货架创建

4) 传送带创建

传送带在系统里负责货物运输。传送带长度、宽度和运行速度都可以根据需求进行更改。

在左侧菜单栏依次选择“设备→传送运输类→传送带(可调整)”，可完成传送带创建；与设备创建方法相同，在场景中选择相应位置并确认。在传送带被选中的情况下，可以通过拖动传送带四边的箭头，来更改传送带的长宽属性，也可在右侧“仿真属性”中输入想要的长度与宽度。传送带创建如图 7-10 所示。

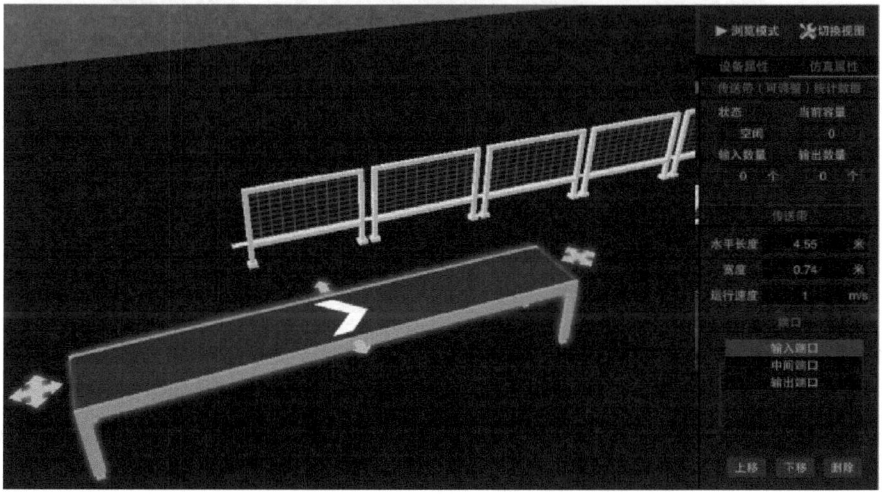

图 7-10　传送带创建

5) AGV 路径创建

AGV 路径用来约束 AGV 运行路线。本小节内容包括：AGV 路径线创建、AGV 路径绘制、AGV 路径种类。

(1) AGV 路径创建：依次单击“设备→传送运输类→AGV 路径画线”按钮，可进入 AGV 路径绘制界面，如图 7-11 所示。

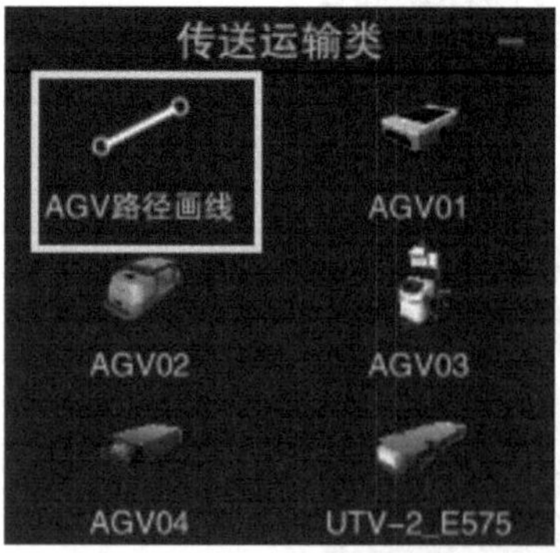

图 7-11　AGV 路径创建

(2) AGV 路径绘制：选择 AGV 路径选项，单击鼠标左键绘制关键点，两点之间生成直线；绘制过程中右击，路径绘制结束，如图 7-12 所示。

路径绘制过程中，末点与首点重合时，弹出提示框：是否闭合路径？单击“是”按钮，路径闭合，弹出框消失，路径绘制完成；单击“否”按钮，路径不闭合，弹出框消失，继续路径绘制，如图 7-13 所示。

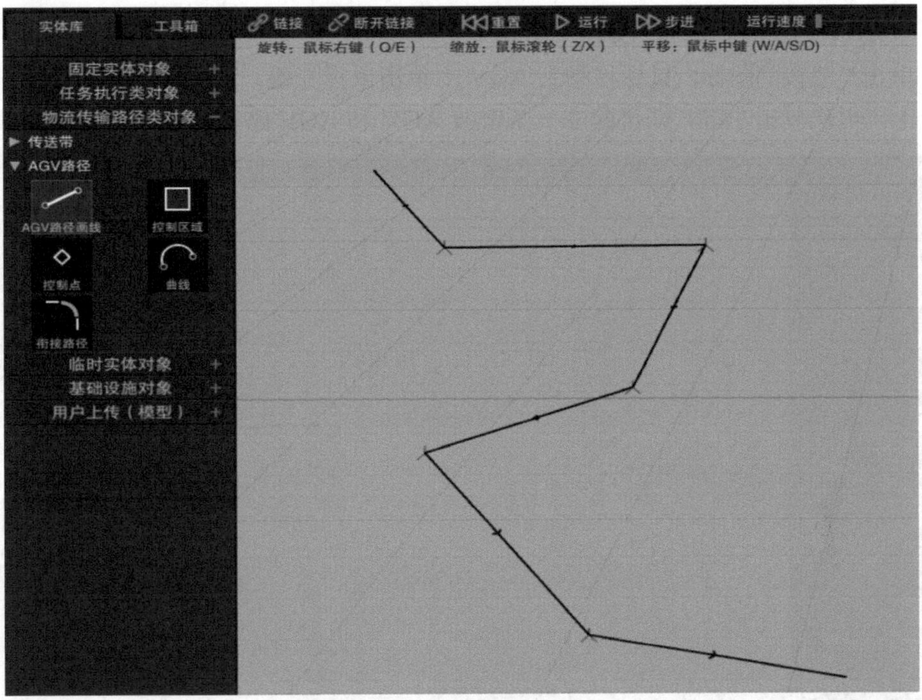

图 7-12　AGV 路径绘制

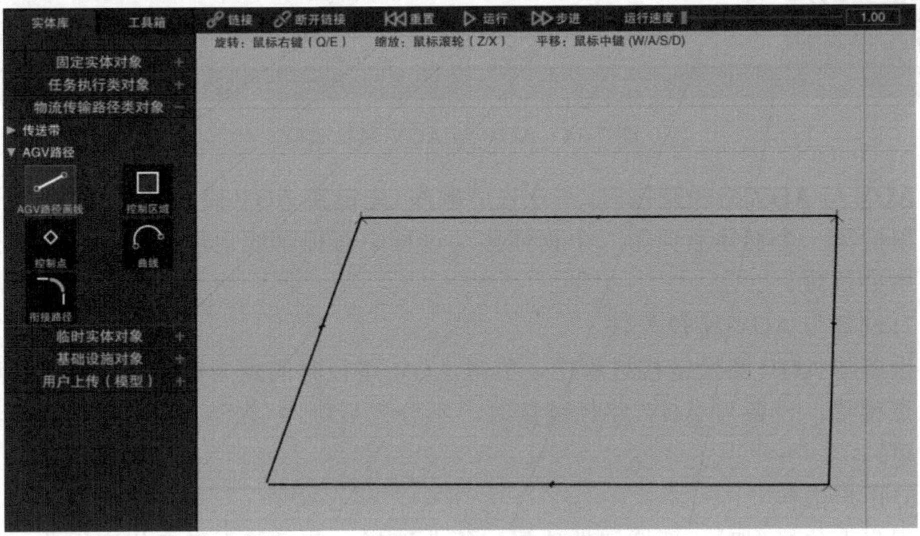

图 7-13　AGV 路径绘制路径闭合

(3) AGV 路径种类：闭合线，AGV 沿闭合线运行时单向运动；非闭合线，AGV 沿非闭合线运行时往返运动。

6) AGV 与 AGV 路径关联

单击“链接”图标，鼠标移动到 AGV 上单击鼠标左键，然后继续移动到 AGV 路径线上，再次单击左键，即可建立一条链接 AGV 和 AGV 路径的线，如图 7-14 所示。

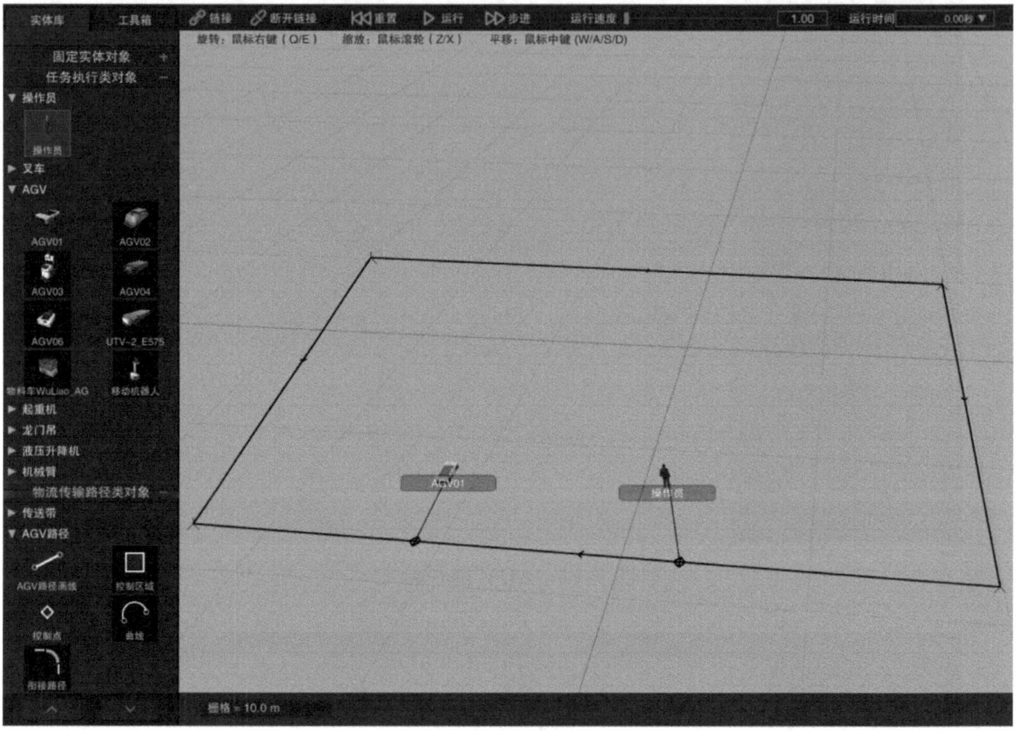

图 7-14　AGV 与 AGV 路径关联

AGV 与 AGV 路径链接时，不分先后顺序(先链接 AGV 路径或者 AGV 皆可)。

单击第一个物体后向第二个物体移动过程中有提示线出现，提示线定位点在设备中心位置。

7) 设备与 AGV 路径关联

设备与 AGV 路径链接过程中，单击 AGV 路径时的点为链接点，链接后可调整此点位置；设备与 AGV 路径链接时，不分先后顺序(先链接 AGV 路径或者设备皆可)。

8) 用户上传

用户上传模型时，新增属性选择、行业选择，若目前不存在相应行业，则可进行新建行业类型；单击“用户上传(模型)”按钮传模型时，弹出模型上传对话框，如图 7-15 所示。

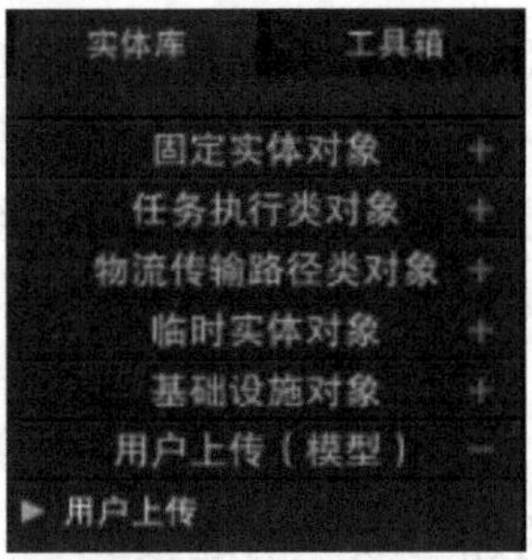

图 7-15　用户上传

(1) 选择模型文件后，选择模型属性。

(2) 选择模型所属行业，如果没有所属行业，单击“新建行业”按钮，在弹出的对话框中输入行业名称，单击“确定”按钮；

(3) 选择模型设备所属种类，当选择完模型属性、所属行业后，设备种类自动罗列该种设备相应属性类型、行业和设备种类；如果目前没有此种设备种类，新建，在弹出对话框输入相应设备种类后，单击“确定”按钮。

(4) 单击模型上传对话框内“确定”按钮后，根据用户选择的模型属性、行业、设备种类，添加模型至相应位置。

2. 设备设施编辑

(1) 移动：选中需要编辑的设备后，单击上方工具栏中的“移动”按钮，拖动鼠标，设备会跟随鼠标移动，到合适位置时再单击进行确定。

(2) 旋转：单击场景中需要旋转的设备或设施，在其为选中状态下，单击上方工具栏的“旋转”按钮，在场景中拖动，设备或设施会随鼠标旋转，旋转到适合角度后在空白处再次单击即可确定；或者在选中设备设施后，右击“旋转”按钮，在弹出框中选择一个轴向，输入想要旋转的角度，单击“回车”按钮，之后关闭弹窗即可。

(3) 对齐：选择一个需要对齐设备，单击上方工具栏中“对齐图标”按钮，再单击对齐的目标设备，第一个设备会自动对齐目标设备并弹出对齐参数，选择合适参数后单击“确定”按钮完成对齐。

(4) 删除：选择一个需要删除的设备或设施，使其为选中状态，单击上方工具栏的“删除”按钮即可将设备或设施从场景中删除。

7.3.5　设置产线仿真关系和设备仿真参数

1. 仿真关系设置

生产线仿真由发生器(必须)、暂存区(非必须)、执行器(非必须)、处理器(必须）、传送带（非必须）、货架（非必须）、吸收器（非必须）、合成器（非必须）、分解器（非必须）、质量检测器（非必须）组成，其中货架和吸收器至少需要有一种。

在生产线布局过程中上述设备可根据需要自由组合设置相互关系，并通过连接器配置产线设备之间的仿真关系。

1）新建链接

单击“链接”图标，单击要连接的第一个设备，再单击要连接的第二个设备，即可建立从设备一到设备二的加工顺序的连接。

2）删除链接

单击“断开链接”图标，单击要断开连接的某个设备，再单击要断开连接的第二个设备，即可断开从设备一到设备二的连接。或者单击产线中的某个连接，再单击“删除”图标或按键盘 Delete 键，将删除此连接线。

3）创建仿真产线

在场景中建立完成用户所需的产线布局，并按需求设置发生器、各个设备、吸收器等各部分的属性，根据需求按顺序连接各个设备，进行产线的仿真。

虚拟产线创建者完成虚拟产线规划布局、仿真配置设置之后即可以开始对虚拟产线进行仿真。

2. 设备仿真属性配置

设备仿真属性设置可以在界面右侧属性栏进行设置，也可以通过双击设备弹出的属性框进行设置。设备仿真属性设置的具体范围包括发生器页签、临时实体流页签、处理器页签、合成器页签、分解器页签、质量检测器页签、加工时间页签、故障页签、触发器页签等。

3. 设备仿真统计数据在仿真属性面板的显示

根据不同设备类型显示对应设备的主要仿真数据。设备类型有发生器、暂存区、执行器类（操作员、AGV、叉车）、处理器、质量检测器、传送带、货架、吸收器。

（1）发生器：可统计数据包括状态（工作或阻塞）、输出数量、平均停留时间、阻塞率。

（2）暂存区：可以统计的属性包括状态、利用率、输入量、输出量、当前容量、平均容量、最小停留时间、最大停留时间、平均停留时间。

（3）处理器：可以统计的属性包括状态、利用率、输出数量、平均停留时间。

（4）质量检测器：可以统计的属性包括状态、利用率、输出数量、平均停留时间、合格数量、不合格数量、合格率。

（5）合成器：可以统计的属性包括状态、利用率、输出数量、平均停留时间。

(6)分解器：可以统计的属性包括状态、利用率、输出数量、平均停留时间。

(7)货架：可以统计的属性包括状态、利用率、输入数量、平均容量。

(8)操作员：可以统计的属性包括状态、利用率、输出数量、平均停留时间。

(9)叉车：可以统计的属性包括状态、利用率、输出数量、平均停留时间。

(10)传送带：可以统计的属性包括状态、当前容量、输入数量、输出数量。

(11)吸收器：可以统计的属性包括输入数量。

4. 全局表

为提升产品功能灵活性和可交互性，用户可借助全局表工具进行仿真参数配置，同时全局表工具也是产品对接生产信息化系统后承接生产数据的工具。

产品目前给出“生产任务表”“产品加工信息表”“换产时间表”“设备可用率表”的固定格式，便于用户配置数据。用户也可根据情况自定义数据表，产品提供按照行/列筛选条件实现表数据读取。

当建有多个表时，实例全局表以树状图罗列，默认罗列给定格式的全局表“生产任务表”“产品加工信息表”“换产时间表”“设备可用率表”，并支持用户修改表名称，删除不需要的表。

当打开多张表时，除了属性栏可以进行表之间的切换，同时也可以通过每个表界面页签进行切换。

1)新建表

当选中全局表工具时，右侧显示全局表属性，单击“新增表”按钮，弹出新建全局表对话框。用户可自行选择所要新建的表格类型，输入自定义表的名称，单击“确定”按钮完成建表，如图 7-16 所示。

图 7-16　新建表

2)重置表

在全局表中选择一个表格，单击右侧属性栏中的“重置表”按钮，表格将被清空数据但保留行数，如图 7-17 所示。

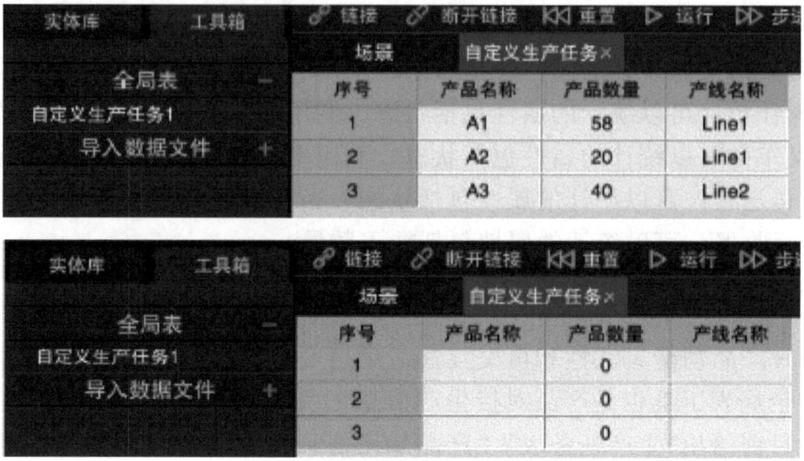

序号	产品名称	产品数量	产线名称
1	A1	58	Line1
2	A2	20	Line1
3	A3	40	Line2

序号	产品名称	产品数量	产线名称
1		0	
2		0	
3		0	

图 7-17　重置表

3）生产任务表

生产任务表是指本产线将要生产的产品和产品数量的列表。

生产任务表应用：单击发生器页签进入查询表功能，发生器按照表内容，顺序发生临时实体。发生器根据输出端口可用性来产生临时实体。

4）产品加工信息表

产品加工信息表主要是用于配置一种产品加工过程参数，包含此种产品加工工序(如有并行，则用标识)、加工时间(可配置加工时间波动规律)、工具更换时间(可配置工具更换时间波动规律)、工序加工合格率、工序需要装配的物料类型和物料个数(多种)。产品加工信息表如图 7-18 所示。

序号	工序名称	工序并行属性	设备属性	加工时间	加工时间波动	工具更换时间	工具更换时间	工序加工质量	物料1	物料1数量	物料2	物料2数量
1	上板机		处理器	100	常值	5	正态分布(3,6)	99%		0		0
2	印刷机		处理器	100	正态分布(5,15	10	常值	95%		0		0
3	贴片机A	p	合成器	55	常值	20	常值	98%	#01	5	002	1
4	贴片机B	p	合成器	55	常值	20	常值	99%	#01	5	002	1
5	SPI		检测器	95	常值	10	常值	95%		0		0
6	下板机		处理器	90	常值	10	常值	100%		0		0
7	分板机		分解器	80	常值	5	常值	100%		0		0

图 7-18　产品加工信息表

产品加工信息表应用如下。

(1)临时实体流：根据产品的工序名称，判定临时实体流的流向。

(2)处理器/加工时间：从表内获取每道工序的工具更换时间和加工时间及波动规律。

(3)质量检测器：从表内获取每道工序的工具更换时间和检测时间及波动规律，工具更换时间和检测时间。

(4) 合成器：从表内获取本工序需要装配的物料种类和个数。

(5) 触发器：加工结束后，获取本工序的产品合格率数据。

5) 设备可利用率表

设备可利用率表可对设备可用率设备故障平均修复时间(MTTR)、平均修复时间(MTTR)波动规律进行设置。设备可利用率表如图 7-19 所示。

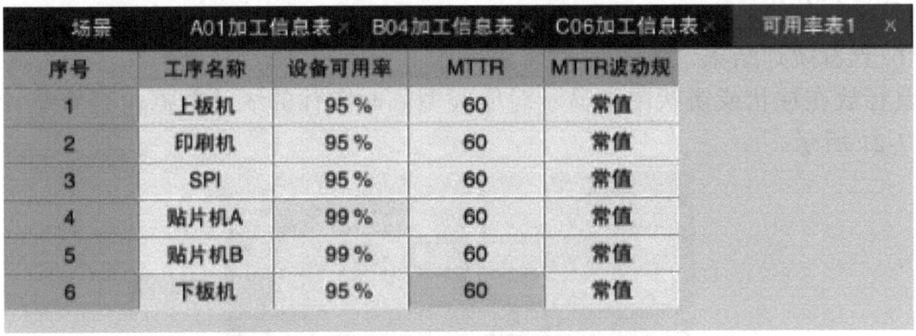

序号	工序名称	设备可用率	MTTR	MTTR波动规
1	上板机	95 %	60	常值
2	印刷机	95 %	60	常值
3	SPI	95 %	60	常值
4	贴片机A	99 %	60	常值
5	贴片机B	99 %	60	常值
6	下板机	95 %	60	常值

图 7-19　设备可利用率表

5. 混线生产参数配置

混线生产参数配置功能用来仿真多种类型产品在同一条生产线上生产的过程。通过对发生器、处理器、工艺流程、发送策略进行设置，模拟混线生产过程。

在仿真结果图表统计中，对不同类型的(临时实体)产品进行区分统计。

1) 不同原料，相同工艺的混线生产

(1) 创建产线(需 1 个以上发生器)。

(2) 打开发生器属性面板。设置不同发生器中实体类型的名称(用于区分临时实体类型)。设置不同发生器中实体形状的显示外观(仅外观示意)。发生器属性设置如图 7-20 所示。

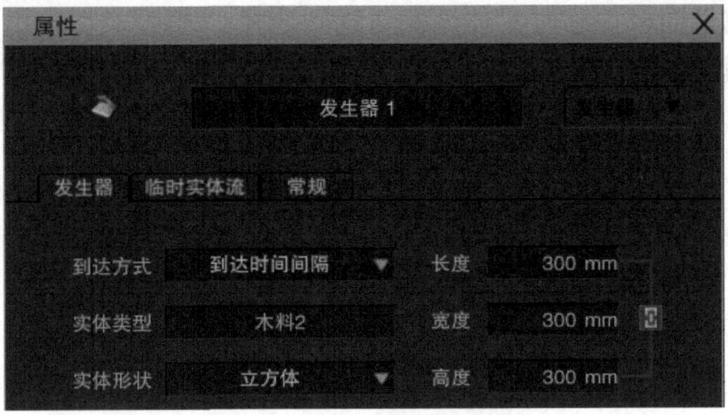

图 7-20　发生器属性设置

(3) 设置工艺流程。

(4) 打开处理器设备属性面板。激活处理器属性面板中“混线生产”选项。激活后，下拉框可选择已有的临时实体类型(场景中所有发生器临时实体类型均在此显示)。分别设置不同临时实体所需的加工时间、工具更换时间。工具更换时间仅在混线生产变更临时实体时参与计算(每当临时实体类型改变时，参与一次计算)。

(5) 运行仿真。

(6) 查看统计结果。

鼠标放在柱状或饼状图上显示对应类型临时实体的统计数据。查看统计数据如图 7-21 所示。

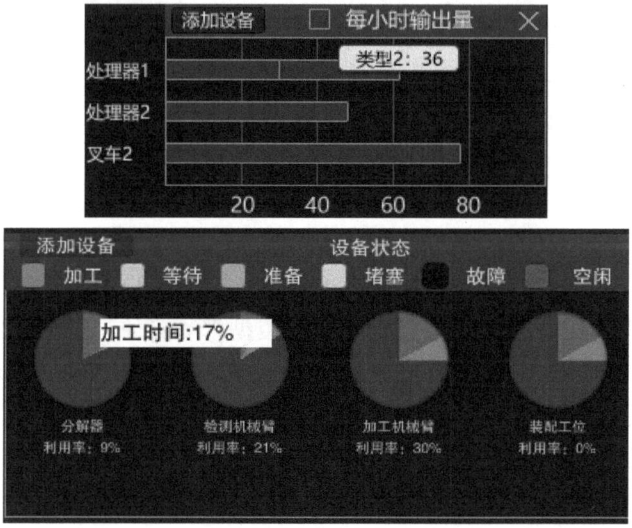

图 7-21　查看统计数据

2) 不同原料，不同工艺的混线生产

(1) 设置同上(不同原料，相同工艺的混线生产)。

(2) 设备属性面板中临时实体流发送规则选择：“根据类型输出”。设置不同类型临时实体发送至不同输出端口。发送属性设置如图 7-22 所示。

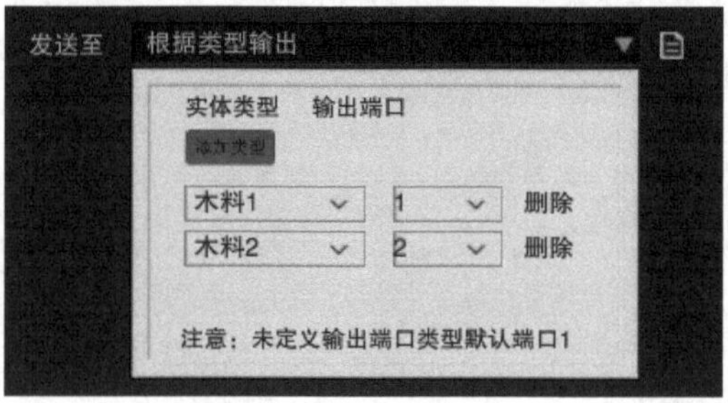

图 7-22　发送属性设置

6. 数据导入

(1) 调出数据导入工具。依次单击“左侧类库→工具箱→数据导入”按钮，打开“数据导入”对话框。数据导入如图 7-23 所示。

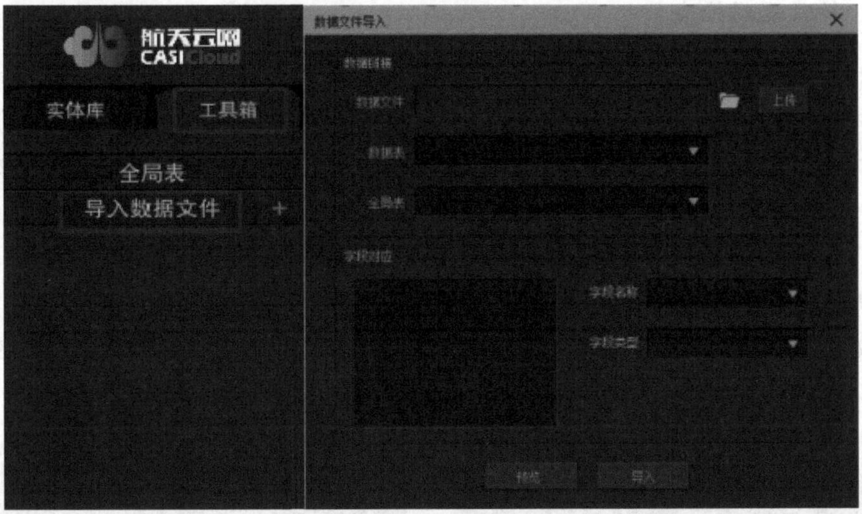

图 7-23　数据导入

(2) 选择数据文件。单击对话框右侧按钮，选择文件并上传，选择要导入的数据表和接收数据的全局表，如图 7-24 所示。

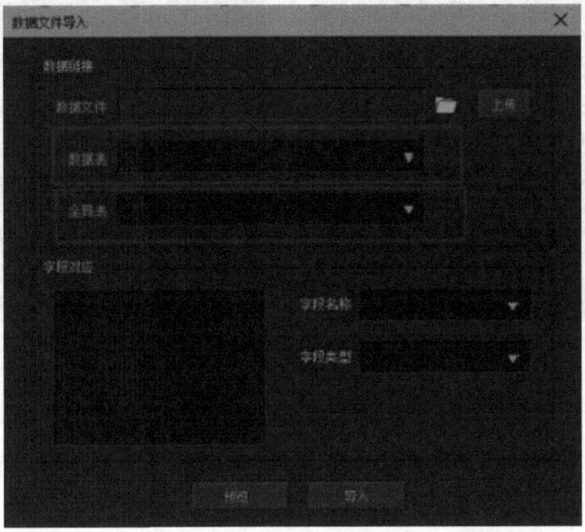

图 7-24　选择好导入的数据表和全局表

(3) 对应要导入的数据表和接收数据的全局表的字段。

(4) 单击“预览”按钮，预览配置好要导入的数据。

(5) 单击“导入”按钮，完成数据导入。

7. 场景逻辑检查

当用户配置不当时，会导致场景无法正常运行，为避免场景无法运行和提高用户进行场景配置和错误排查的效率，本产品提供场景逻辑检查功能，当用户单击实体属性窗口“确定”按钮和场景仿真“重置”按钮时，会激活场景逻辑检查功能。单击对象属性框“确定”按钮时可以出现，以下情况。

(1) 故障编辑器页签设置了故障类型，该故障类型没有激活“启动”，当实体对象在故障页签添加引用了该故障类型，单击实体对象属性框“确定”按钮时：故障类型(故障类型名称)，没有激活“启动”。故障编辑器检查如图 7-25 所示。

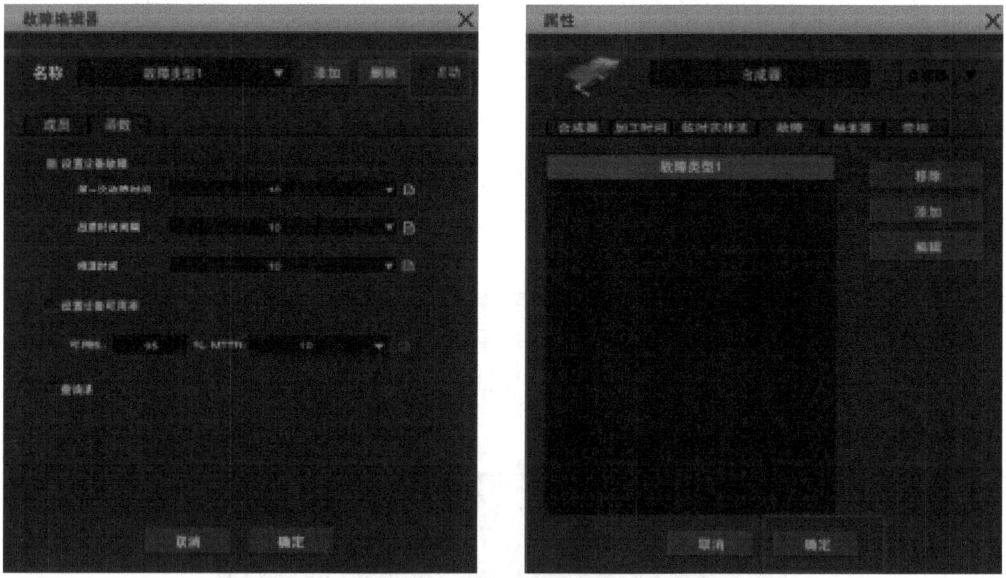

图 7-25 故障编辑器检查

(2) 合成器合成页签，合成模式下，没有设置组成清单，当单击“确定”按钮时提醒：合成器组成清单未设置。合成器检查如图 7-26 所示，单击“重置”按钮，如图 7-27 所示。

(3) 当质量检测器只连接一个输出端口时，当单击“确定”按钮时提醒：质量检测器(替换为设备名称)无端口 2 连接，不合格品无法输出。

(4) 当合成器为打包模式时，如果连接输入端口的进来的临时实体没有容器类临时实体时，当单击“确定”按钮时提醒：合成器(替换为设备名称)无容器类临时实体进入。

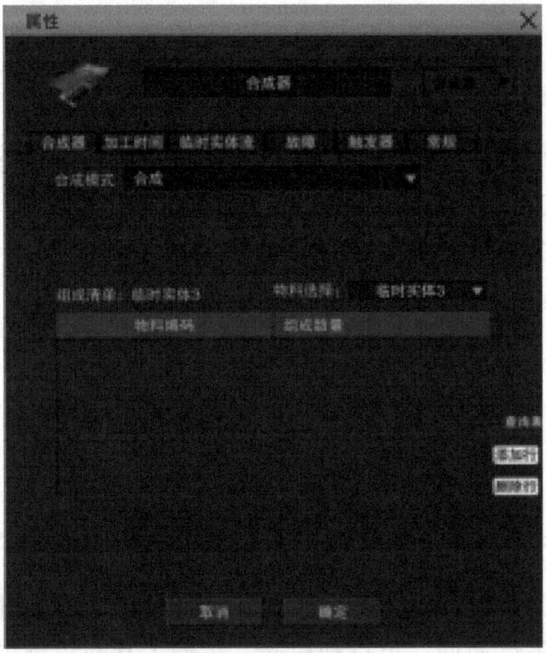

图 7-26　合成器检查

图 7-27　“重置”按钮

(5) 合成器只有一个输入端口时，当单击“确定”按钮时提醒：合成器(替换为设备名称)需配置其他输入端口。

(6) 分解器为拆包模式，如果只连接了一个输出端口时，当单击“确定”按钮时提醒：分解器(替换为设备名称)，需要连接两个输出端口。

(7) 合成器合成页签，合成模式下，没有设置组成清单时，当单击“确定”按钮时提醒：合成器(替换为设备名称)组成清单未设置。

(8) 合成器合成页签，合成模式下，设置的组成清单，清单内临时实体(如 A)并未连接到此合成器时，当单击“确定”按钮时提醒：合成器(替换为设备名称)组成清单中临时实体 A 未连接到该设备。

7.4 典型应用场景和应用案例

7.4.1 典型应用场景

1. 产线设计/改造方案验证

产线仿真建模工具集计划、生产、物流等为一体，可综合个环节数据对产线设计方案进行仿真验证，辅助产线设计人员在工厂和产线设计布局过程中不断地迭代优化方案，提交客户一整套解决方案。

2. 生产计划与生产周期验证

产线仿真建模工具可在生产计划和排程方案出具以后，通过对接信息化系统将计划和排程数据导入仿真系统内，经过仿真，分析每个方案的过程数据，多指标对比找出最优的排程方案，提升产线平衡率、设备利用率、降低在制品库存。

3. 现有产线布局/工序优化

产线仿真建模工具通过搭建仿真系统，对每种布局方案进行仿真分析，计算每种布局下的产品生产周期、设备利用率、运输工具的运输距离等多种指标，以获取最优的产线布局和工序设计方案。

4. 车间物料配送

物料配型策略跟生产排程、作业工序具有很大相关性，物料配送系统的供线有效性对产线生产的平衡率、利用率、生产周期具有较大影响。只有通过系统性地仿真验证，才能保证方案的有效性。产线仿真建模工具可以支撑生产全流程的仿真验证。

5. 生产瓶颈分析及优化

生产线中瓶颈工序将决定整条产线的生产效率。可以借助产线仿真建模工具寻找瓶颈工序，找出造成该工序成为瓶颈的原因，针对性地给出解决方案。

7.4.2 应用案例

贵州航天电器股份有限公司(以下简称航天电器)是国内领先的智能制造样板工程的实践企业，现已建成基于 INDICS 平台的 J599 圆形接插件智能制造样板间，形成具有工业互联网和智能制造理念、基于云的智能工厂架构的应用示范。

航天电器对 J599 连接器组装产线进行仿真建模。仿真计算在一定时间内的产线平衡率、产量、设备利用率等指标，验证产线是否达到设计目标。

通过产线仿真建模工具，航天电器构建与设计方案一致的设备模型、工艺流程、设备参数。运行仿真系统后得到仿真数据，用于验证设计方案。效果图如图 7-28 所示。

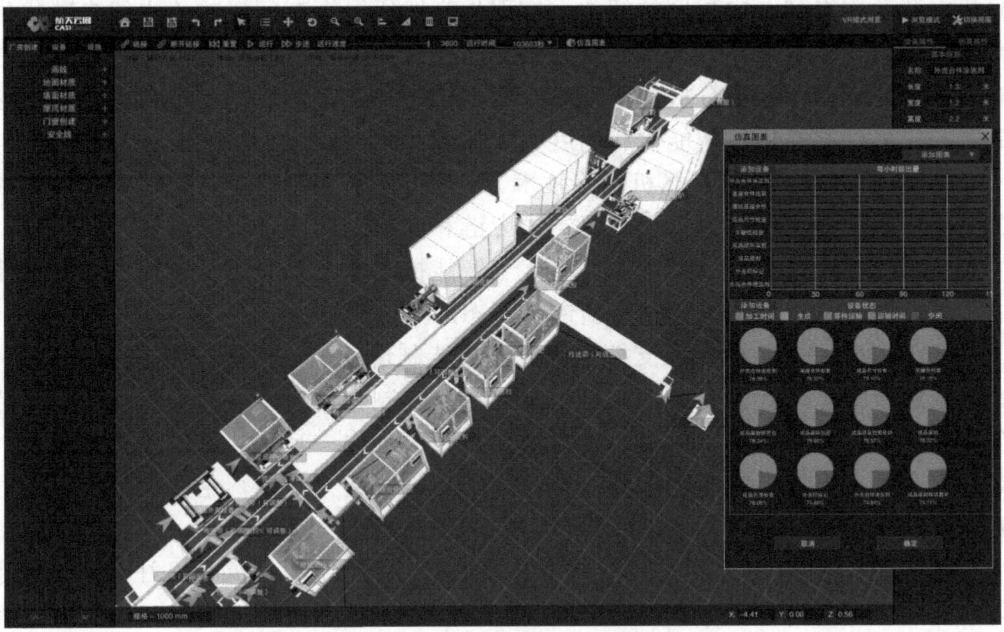

图 7-28　航天电器应用案例

通过产线仿真建模工具，航天电器成功从如下方面对该产线完成了验证，并取得了良好的验证结果。

(1) 输出线体平衡率，验证线体是否平衡。

(2) 输出各设备利用率，验证设备利用率是否饱和。

(3) 输出产品生产周期，验证是否符合计划要求。

附录1 名 词 解 释

(1) 三类制造：指智能制造、协同制造和云制造。

(2) 智能制造：指将控制技术和机器逻辑引入制造过程，制造的体力劳动及人的智力劳动均得到一定程度的解放，实现生产线级乃至车间级的流水线自动化生产。它是由智能机器和人类专家共同组成的人机一体化智能系统，在制造过程中能进行智能活动，诸如分析、推理、判断、构思和决策等，把制造自动化的概念更新，扩展到柔性化、智能化和高度集成化。

(3) 协同制造：指将计算机网络技术、软件技术引入制造企业运行管理的内核之中，形成企业级乃至包括配套商、供应链和物流在内的协同制造体系。

(4) 云制造：指运用大数据技术、人工智能技术以及互联网平台技术对制造业进行革命性改造所形成的一种全新制造形态。

(5) 工业互联网：指能够支持工业企业智能制造、协同制造、云制造过程实现，支持企业智慧化运行，支持企业与用户从产品定制到售后服务的全程互动，支持企业间“信息互通、资源共享、能力协同、开放合作、互利共赢”的业务活动，支持“企业有组织、资源无边界，企业有产品、制造无限制，企业有规模、能力无约束，企业有销售，市场无障碍”生态形成的系统。

(6) 云制造产业集群生态：指让制造业进一步专业化、分布化、社会化、智能化、协同化，简而言之即实现制造业的云化改造。在实现制造业的云化改造过程中，完整独立的中小微企业，将被迫或主动逐步压缩业务范围、减少管理职能、消减自成一体的生产性支撑机构，以工业互联网公共服务平台为依托，利用云制造产业集群生态提供的各种共享资源，形成深深植根于云制造产业集群生态、自身也是云制造产业集群生态一部分的新型企业。同时，积极加入云制造产业集群生态的大型、特大型制造企业，必将大幅削减那些并非自身强项、不具生态竞争力的业务和机构，以适应生态环境对于企业生存与发展的无形约束。

(7) 航天云网：采用 INDICS+CMSS（工业互联网平台 Industrial Internet Cloud Space+云制造支持系统 Cloud Manufacturing Support System）搭配，以构建和涵养以工业互联网为基础的云制造产业集群生态为目标，兼容智能制造、协同制造和云制造三种现代制造形态，运用大数据和人工智能技术以及第三方商业与金融资源，服务于制造业技术创新、商业模式创新和管理创新。其内在商业驱动力为“3M”（省钱 to save money、赚钱 to get money、生钱 to make money）；

其内在商业逻辑是促进技术创新、商业模式创新与企业管理创新关联互动，推动企业转型产业升级。

(8) CMSS：指云制造支持系统(Cloud Manufacturing Support System)，主要包括工业品营销与采购全流程服务支持系统、制造能力与生产性服务外协与协外全流程服务支持系统、企业间协同制造全流程支持系统、项目级和企业级智能制造全流程支持系统等四个方面，采用“一脑一舱两室”(企业大脑、企业驾驶舱、云端业务工作室、云端应用工作室)的业务界面提供用户服务，企业大脑为科学决策层提供支撑和服务，企业驾驶舱为企业经营层管理提供服务，云端业务工作室为产供销提供集群化业务及周边业务服务提供支撑，云端应用工作室为定制、设计、研发、试验及售后技术服务提供支撑。

(9) INDICS：指航天云网工业互联网平台(Industrial Internet Cloud Space)，是以区块链、边缘计算、大数据智能、新一代人工智能技术等为核心的工业互联网开放空间，面向全球开发者、设备制造商和集成商以及合作伙伴提供全生命周期工业应用的开发、部署和运行环境。

(10) AOP(Aerospace Open Platform)：指航天开放平台，是一套应用开发与运行支撑平台，为开发者提供一站式开发、部署运行环境，是一套以工业数据为驱动，以云计算、大数据、物联网、人工智能为核心技术，面向工业应用的开放平台，是 INIDCS 平台的重要组成。

(11) API (Application Programming Interface)。指支撑应用开发、应用部署及设备接入的程序接口。

(12) 工业 IoT(Industrial Internet of Things)：指工业物联网，是将具有感知、监控能力的各类采集或控制传感器，以及泛在技术、移动通信、智能分析等技术，融入到工业生产过程各环节，从而大幅提高制造效率，改善产品质量，降低产品成本和资源消耗。

(13) CRP(Cloud Resource Plan)：指云资源计划协同管理系统，是一套对企业间生产动态资源协同共享，并通过对资源的科学匹配、智能推荐开展企业内、跨企业有限产能高级排产的管理系统。通过有限产能高级排产实现对企业去库存、降成本和专业单元设备的有效利用，达到企业均衡生产目的。

(14) CPDM(Cloud Product Data Management)：指跨企业协同设计的云端产品数据管理系统，主要包括多维项目管理、协同设计管理、产品数据管理、协同研讨与审签管理、技术状态管理、基础数据与工程资源管理、消息管理和云端设计及三维可视化等功能，支持跨部门、跨企业和跨地域的云端协同设计。

(15) CMES(Cloud Manufacture Execution System)：指云制造执行系统，是利用云计算技术开发的针对企业生产制造过程管理和资源优化的集成运行系统，为企业提供生产计划、生产过程管控、质量管控、设备管理等日常管理业务解决方案，同时也为企业提供基于工业互联网的智能生产云服务，满足企业线上智能制造需求。通过线上与线下结合，为企业提供线上及工业现场整套智能制造解决方案。

(16) COSIM (Collaborative Simulation)：指面向多学科领域，支持高层体系结构，基于 XML/WEB 中间件技术和仿真组件引擎技术，由多个子部件组成，具有通用性、开放性和可扩展性的建模、调试、运行、评估一体化的建模仿真环境。

(17) 虚拟工厂：指在云平台上构建与实际工厂中物理环境、生产能力和生产过程完全对应的虚拟制造系统，集成企业接入的各类制造信息，支持企业生产能力展示、产线规划仿真、车间生产监控管理等功能。

(18) IPv6 (Internet Protocol Version 6)：指扩展互联网 IP 地址数量，满足更多设备需求，增加了安全性。但是不能改变已有的连接速度。IPv6 是IETF (互联网工程任务组，Internet Engineering Task Force) 设计的用于替代现行版本 IP 协议 (IPv4) 的下一代 IP 协议。由于IPv4最大的问题在于网络地址资源有限，严重制约了互联网的应用和发展。IPv6 的使用，不仅能解决网络地址资源数量的问题，而且也解决了多种接入设备连入互联网的障碍。

(19) 人工智能：指研究开发用于模拟、延伸和扩展人的智能的理论、方法、技术及应用系统的一门新的技术科学。

(20) 区块链：指一种公共记账的机制，通过建立一组互联网上的公共账本，由网络中所有的用户共同在账本上记账与核账，来保证信息的真实性和不可篡改性。区块链具有去中心化、去信任化、可扩展、匿名化、安全可靠等特点。

(21) 边缘计算：指在靠近物或数据源头的网络边缘侧，融合网络、计算、存储、应用核心能力的开放平台，就近提供边缘智能服务，满足行业数字化在敏捷连接、实时业务、数据优化、应用智能、安全与隐私保护等方面的关键需求。

(22) 协作用户：指通过发布需求、响应报价、进行优选、完成交易、通过质量认证等方式使用 INDICS 平台的用户。

(23) 工业互联网指数：指智能制造指数、协同制造指数和云制造指数。其中，智能制造指数反映制造企业智能化改造的进程与程度；协同制造指数由行业协同指数和跨域协同指数构成，反映制造企业在智能制造基础上依托互联网技术和并行工程的协同制造程度；云制造指数反映制造企业在协同制造基础上开展云制造业务的程度与广度。

附录 2　产品及专业术语

(1) 企业大脑：企业决策支持系统，俗称企业大脑，英文为 enterprise decision support system，缩写为 EDSS。

(2) 企业驾驶舱：企业运行支持系统，俗称企业驾驶舱，英文为 enterprise operational support systems，缩写为 EOSS。

(3) 云端业务工作室：企业交易流程支持系统，俗称云端业务工作室，英文为 enterprise transaction process support system，缩写为 ETPSS。

(4) 云端应用工作室：企业制造过程支持系统，俗称云端应用工作室，英文为 enterprise manufacturing process support system，缩写为 EMPSS。

(5) 企业上云服务站：网络接入服务系统，俗称企业上云服务站，英文为 enterprise network access service system，缩写为 ENASS。

(6) 中小企业服务站：企业管理外包服务系统，俗称中小企业服务站，英文为 enterprise management outsourcing service system，缩写为 EMOSS。

(7) 数据淘金软件：价值挖掘服务系统，俗称数据淘金软件，英文为 data value mining service system，缩写为 DVMSS。

(8) 现金流量：现代理财学中的一个重要概念，是指企业在一定会计期间按照现金收付实现制，通过一定经济活动(包括经营活动、投资活动、筹资活动和非经常性项目)而产生的现金流入、现金流出及其总量情况的总称，即企业一定时期的现金和现金等价物流入和流出的数量。

(9) 收入利润率：企业实现的总利润对同期的销售收入的比率。收入利润率指标既可考核企业利润计划的完成情况，又可比较各企业之间和不同时期的经营管理水平，提高经济效益。收入利润率=利润总额/销售收入。

(10) 资产负债率：又称举债经营比率，用于衡量企业利用债权人提供资金进行经营活动的能力，以及反映债权人发放贷款安全程度的指标，通过将企业的负债总额与资产总额相比较得出，反映企业全部资产的负债比率。资产负债率=负债总额/资产总额×100%。

(11) 全员劳动生产率：根据产品的价值量指标计算的平均每一个从业人员在单位时间内的产品生产量。全员劳动生产率是考核企业经济活动的重要指标，是企业生产技术水平、经营管理水平、职工技术熟练程度和劳动积极性的综合表现。全员劳动生产率=工业增加值/全部从业人员平均人数。

(12) 工资产出比：工资率是指单位时间内的劳动价格。工资率=单位劳动的产出，即 $w=Y/L$，因为劳动的投入一般只用时间来度量，所以也就是单位时间的报酬。工资产出比=人均劳动生产力/人均薪资×100%。

(13)净资产收益率：又称股东权益报酬率或净值报酬率或权益报酬率或权益利润率或净资产利润率，是净利润与平均股东权益的百分比，是公司税后利润除以净资产得到的百分比率。该指标反映股东权益的收益水平，用以衡量公司运用自有资本的效率。指标值越高，说明投资带来的收益越高。该指标体现了自有资本获得净收益的能力。净资产收益率=税后利润/所有者权益。

(14)周转率：周转率=销售成本/平均存货余额；货周转率(次数)=营业收入/存货平均余额(该式主要用于获利能力分析)。

参 考 文 献

李伯虎，王积鹏, 2010. 复杂系统建模与仿真技术的 8 个研究热点[C]. 总装科技委 2010 年论文集，北京.

李伯虎, 张霖, 2015. 云制造: Cloud manufacturing[M]. 北京: 清华大学出版社.

李伯虎, 张霖, 任磊, 等, 2011. 再论云制造[J]. 计算机集成制造系统, 17(3) : 449-457.

李伯虎, 张霖, 任磊, 等, 2012. 云制造典型特征、关键技术与应用[J]. 计算机集成制造系统，18(7) : 1345-1356.

李伯虎, 张霖, 王时龙, 等, 2010. 云制造——面向服务的网络化制造新模式[J]. 计算机集成制造系统, 16(1) : 1-7, 16.

刘棣斐, 李南, 牛芳, 等，2018. 工业互联网平台发展与评价[J]. 信息通信技术与政策, 292(10): 8-12.